Collection
souris noire
dirigée par
Franck Pavloff

L'auteur

Gérard Moncomble a essayé de vivre une vie ordinaire. Tour à tour sociologue, artisan, tanneur-fourreur, animateur, maçon, et j'en passe... Mais l'appel de l'aventure a été le plus fort. Un jour, il a voulu partir. Loin, très loin. Mais comme tout le monde, il est un peu lâche, un peu paresseux, et manque de résistance sur les longues distances. Il s'est donc mis à réfléchir. Il est fier d'avoir trouvé la solution : écrire des romans. À chaque livre, il se faufile dans un nouveau personnage. Un chapeau, une gabardine et le voilà détective privé. Une armure, et il devient chevalier sans peur et sans reproches ; le choix est illimité et les destinations innombrables, y compris le cosmos. Rester chez soi à voyager sans bouger est le plus sûr chemin de l'aventure. Il a publié de nombreux romans, pour les adultes ou pour la jeunesse.

Du même auteur

- *L'heure du rat*
- *Les yeux d'Oo*

Milan, Zanzibar

- *L'énigme du Pompina*

Milan, Zanzibar (avec M. Piquemal)

- *Mes chers voisins*

Nathan, Pleine Lune

- *Moi-je*

Flammarion, Castor poche senior

- *Chiche-mirepoix contre Mirepoix-chiche*

Seuil, Petit point

- *Le mystère Carla*

Rageot, Cascade policier

Gérard Moncomble

Un privé chez les nababs

Illustration de couverture
Jacques Ferrandez

souris noire

SYROS
jeunesse

Aux enfants du Liban.

G.M.

Catalogage Électre-Bibliographie
Moncomble, Gérard
Un privé chez les nababs. – Paris : Syros, 1997. – (Souris noire poche)
ISBN 2-84146-434-2
Dewey : 811.5 : Albums et fiction. Romans. Aventures et voyages
Public concerné : Bons lecteurs (à partir de 9 ans)

1

J'avais passé la nuit à manger des pistaches et des cacahuètes devant la télé. J'aurais pu tout aussi bien raconter des blagues à mon polochon ou repasser mes mouchoirs. C'était du pareil au même.

Quand on touche le fond, plus rien n'a vraiment d'importance.

Trois jours que je n'avais pas quitté ma chambre. Pourquoi l'aurais-je fait ? Personne n'avait besoin de moi, ici. Même pas la femme de ménage qui me jetait un sale œil lorsqu'elle venait refaire le lit et nettoyer la moquette. Tout juste si elle ne m'aspirait pas avec le reste.

Dire que j'avais le cafard serait faible. En fait, j'étais à deux doigts d'une grosse déprime. De temps en temps, je regardais le lustre du plafond avec la vague intention de me pendre.

Mais je suis lâche, comme tout le monde. Et puis j'avais ce bouquin d'Antonio Valguez à finir. *Les Serres du rapace*, ça s'appelait. Une histoire d'amour très compliquée entre une naine et un jardinier amateur de bonsaïs.

Hôtel Alexandre. Quatre étoiles, pas une de moins. Des pendules affichant l'heure de New York, Tokyo, Amsterdam, Paris. Du personnel en pagaille, un hall d'entrée aussi grand qu'un aéroport. La classe.

À part que ma chambre avait un papier peint effroyable et qu'elle donnait sur un champ de ruines. Dame, j'étais à Beyrouth. Du haut de mon treizième étage, le panorama était dantesque. Ruines, chantiers, grues, béton. Du béton partout, qui semblait pousser comme du chiendent. Beyrouth fracassée par quinze ans de guerre n'était plus que l'ombre de la ville qu'elle avait été. Mais d'après le chauffeur de taxi qui m'avait conduit de l'aéroport à l'hôtel trois jours plus tôt, les Libanais mettaient le paquet. Dans quelques années, Beyrouth redeviendrait Beyrouth, il en était sûr. Le Liban était increvable, disait-il, comme le cèdre qui lui servait d'emblème. Moi, je voulais bien le croire. J'aime assez ce genre de certitude, chez les autres. Ça me rassure. Même si je cultive plutôt le pessimisme en pot.

Le jour pointait lentement. J'aurais donné n'importe quoi pour que le temps passe plus vite. C'est alors qu'on a cogné trois coups secs à ma porte. Comme je suis d'un naturel accueillant, j'ai ouvert. Le petit homme en face de moi avait le visage fendu en deux par un sourire mielleux, juste sous la moustache.

– Charlie Gun ?

Un moment, j'ai cru qu'il s'adressait à moi dans une langue étrangère et puis ça a fait tilt. Charlie Gun était le nom que j'avais laissé à l'accueil, le jour de mon arrivée. En réalité, je m'appelle Achille Foireux, mais depuis quelques mois, j'avais tendance à l'oublier.

– Vous lui voulez quoi, à Charlie Gun ?

J'avais pris le ton badin du privé dans l'exercice de ses fonctions, en oubliant qu'il y avait un bail que je n'exerçais plus rien. Privé de boulot serait plus juste. Ma précédente affaire remontait à six mois. La dernière de l'agence Trub & Foireux. Une sale embrouille où on nous avait piégés comme des débutants.

Il y a des erreurs impardonnables. Tragiques, même : Michel Trub, mon associé, y avait laissé la vie. Un vieux de la vieille, pourtant, peut-être le meilleur de tous. Un type qui n'avait pas son pareil pour torcher une enquête en trois coups de cuillère à pot. Un sage. Je l'appelais Saint-Trub, ce qui avait le don de le mettre hors de lui.

C'était mon ami, le seul que j'aie jamais eu à portée de main. Celui qui m'avait appris le métier, y compris les tours de cartes. Quand j'ai su qu'il était mort, j'ai pleuré comme un gosse.

Moi, j'avais eu plus de chance : j'étais juste devenu chômeur, ou presque. Personne n'embauche un privé soupçonné d'avoir trempé dans un trafic de cocaïne.

Le fait que je sois blanc comme neige ne changeait rien à l'affaire. Dans mon job comme dans d'autres, les rumeurs sont impitoyables. Avec une casserole pareille, il n' y a plus qu'à changer d'air. Direction ailleurs et en quatrième vitesse. Buenos Aires, Toronto, Pékin, j'aurais pu aller n'importe où. Ce fut Beyrouth. Peut-être à cause du poster affiché au-dessus du bureau de Trub, à l'agence. Exotisme garanti, un coin idéal pour cuver mon blues incognito.

Du moins l'avais-je cru. Jusqu'au moment où le moustachu mielleux me passa sous le nez en gloussant :

– Fermez donc cette porte, Foireux.

Et il alla se planter devant la baie vitrée. Question anonymat, c'était raté. Je poussai le battant en soupirant. Ma poisse me collait aux fesses. J'allais probablement me faire expulser ou quelque chose du genre. Avec un dossier à Interpol, on est indésirable partout.

– Vous êtes flic ?

L'homme se mit à rire. Un rire grinçant, qui frisait le mépris. Il se retourna brusquement.

– Cinq mille dollars, ça vous intéresse ?

Droit au but. Il savait qui j'étais, et connaissait l'état de mes poches. Sans me laisser répondre, il continua :

– Nadim Tamazi sera ici tout à l'heure. Vous voyez qui c'est ?

Je secouai la tête. À part mon polochon, je ne connaissais personne dans le quartier.

– La plupart des chantiers sont à lui à Beyrouth. Le béton, Achille, c'est ça l'avenir. Vous n'imaginez pas le nombre de sacs de ciment qu'on éventre chaque jour, ici. Vertigineux.

Il tapota doucement la vitre.

– Regardez.

Je me traînai jusqu'à la fenêtre. Là, surprise. En bas, une forêt tropicale était en train de pousser. Palmiers, citronniers, eucalyptus, que sais-je encore ? Amenés par des camions, charriés par des élévateurs, plantés séance tenante par des hommes en bleu de travail. Avec l'irrésistible puissance d'un bataillon de fourmis, les jardiniers étaient en train de transformer la cour de l'hôtel Alexandre, hier encore déserte, en jungle de poche. Stupéfiant. À côté des buildings voisins, criblés d'éclats d'obus ou à moitié détruits, cette soudaine et luxueuse végétation semblait aussi incongrue qu'une roseraie sur un champ de mines.

– Ça, c'est en l'honneur de Nadim Tamazi, Achille.

Son sourire s'accentuait au fur et à mesure qu'il parlait, dévoilant des dents alignées au cordeau. Il devait avoir un contrat publicitaire avec une marque de dentifrice.

– Énorme fortune, ce Tamazi. Vous n'avez pas idée de l'énormité. *Vraiment* énorme.

Ce type manquait de vocabulaire, ou il croyait m'impressionner. Il y réussit parfaitement. Les nababs richissimes n'avaient jamais été mon genre de clientèle. L'agence Trub & Foireux faisait plutôt dans la filature de maris cocus et les recherches familiales. Je bafouillai un vague : « Et alors ? », histoire de montrer que je suivais la conversation.

– Alors, écoutez-moi bien : quand Ragheb Tamazi, le père de Nadim, est mort, il y a deux mois, c'est le fils qui a repris l'entreprise. Mais il est jeune, trop jeune pour ses nouvelles responsabilités. La Tamazi S. A. a des ramifications dans tout le Proche-Orient, et même en Europe. L'héritage des Tamazi est lourd à gérer. Bref, Nadim fait des bêtises. Ces derniers temps, il claque de l'argent à un train d'enfer. Je veux savoir pourquoi.

– Vous êtes qui, dans l'histoire ? Son tuteur ? Son grand frère ? Un ami qui lui veut du bien ?

– Un peu tout ça. Mon nom est Samir Barazé. Expert-comptable du groupe Tamazi. Ce que je veux, c'est éviter que le jeune Nadim dilapide sans raison son héritage et donc le fric de son entreprise.

– Et s'il a une bonne raison ?

– À vous de me le dire.

– Je n'ai pas dit que j'acceptais le job.

Il ricana sans répondre. J'insistai :

– Il doit y avoir un tas de privés qui ne demanderaient qu'à marcher avec vous, dans cette ville. Pourquoi moi ?

– On m'a parlé de vous. Des amis français. Et puis tout le monde se connaît, ici. Beyrouth, c'est un village. Vous ne serez qu'un touriste de plus. Un *ajnabi*, un étranger. Vous passerez inaperçu.

Il jeta sur le lit une liasse de dollars. La seule monnaie valable, ici. La livre libanaise était en pleine déconfiture depuis belle lurette.

– Ça, c'est une petite avance.

Puis, posant un bristol sur la table de chevet :

– Téléphonez-moi quand vous aurez une piste sérieuse. Et surtout ne prononcez jamais mon nom.

Sur la carte, il n'y avait rien d'autre qu'un numéro. Samir Barazé donnait dans la discrétion. Puisqu'il tenait à l'anonymat, je décidai de le baptiser *le Mielleux*, à cause de son sourire doucereux. Expert-comptable, ce type ? Je n'en croyais pas un mot. Mais avec ses cinq mille dollars, il aurait tout aussi bien pu se dire sapeur-pompier ou coiffeur pour dames. Je n'en avais rien à cirer.

La porte se referma doucement. Je m'assis sur le rebord du lit, avec l'impression que ma poisse venait enfin de déclarer forfait.

2

Tamazi arriva vers midi. Le parking de l'hôtel parut tout à coup déborder d'énormes limousines noires. En fait, elles n'étaient que trois, mais leur taille colossale les faisait ressembler à de petits paquebots.

En voyant le nabab se diriger vers l'entrée à pas lents, serré de près par un essaim de gardes du corps, j'eus un brin d'angoisse. C'était du gros, du très gros gibier. Du doigté, Achille, du doigté, surtout. J'enfilai le seul de mes costumes qui ne ressemblât pas à une serpillière, une cravate convenable, et descendis poser mes fesses sur un des fauteuils du hall. D'ici, je pouvais observer toutes les allées et venues des clients, Tamazi compris.

L'hôtel avait retrouvé son calme. Jusqu'à quinze heures, où il y eut un soudain frémissement dans le hall. Un groom en livrée bleue se précipita sur la porte en verre et se raidit dans un garde-à-vous impeccable. Tout juste si on ne déroula pas le tapis rouge.

Nadim Tamazi surgit par la porte sud et passa à quelques millimètres de mes pieds avant de sortir. J'avais à peine eu le temps de le voir, mais il m'était apparu étonnamment jeune, malgré ses lunettes noires et son complet strict de businessman. Taille moyenne, mince, l'allure vive de l'homme pressé. Je cavalai derrière lui. Il était déjà au volant d'une des limousines. Pour un type doté d'un escadron de gorilles, c'était curieux. Preuve qu'il ne désirait pas de témoin pour la suite des opérations. J'étais verni.

Se déplacer à Beyrouth est facile. Il suffit de lever le bras et une voiture s'arrête. Un *service*, comme on dit ici. De toute façon, on ne marche pas impunément sur les trottoirs, dans cette ville. Pour les *services*, le piéton est fatalement un client. Bras levé ou pas, ils ralentissent, klaxonnent, et vous invitent à monter.

– Suivez la grosse bagnole noire, mon vieux !

Le chauffeur du *service* me lança un grand sourire dans le rétroviseur et se colla immédiatement derrière la limousine. Une filature, c'était apparemment dans ses cordes. Comme à l'ordinaire, la circulation était monstrueuse. À Beyrouth, tout ce qui ressemble de près ou de loin à une voiture se donne rendez-vous au même endroit, et au même moment. Ça ne perturbe personne, pas même les policiers qui se tiennent au milieu des carrefours en observant les bagnoles mettre à mal les plus élémentaires règles de sécurité sans bouger l'ombre d'un orteil.

– Qu'est-ce que je fais, patron ?

La limousine s'était arrêtée en travers du trottoir et Nadim en descendait tranquillement. Il entra dans un salon de thé. Je balançai deux dollars sur le siège avant et déboulai à la suite de Tamazi dans la boutique.

À l'intérieur, c'était plein comme un œuf. Difficile de repérer quelqu'un dans une kermesse pareille. Le mieux était de s'asseoir à une table et de jouer les périscopes. Je cueillis trois ou quatre gâteaux dans une vitrine réfrigérée et allai me poster près de la porte d'entrée. Au moins ne raterais-je pas l'oiseau s'il sortait.

Autour de moi, ça papotait ferme. La salle bruissait comme une grande ruche remplie d'odeurs sucrées, avec parfois des éclats de rire ou des cris d'enfants. Mais j'avais beau me dévisser le cou dans toutes les directions, pas trace de Tamazi. C'est en voyant un serveur disparaître au fond de la salle que je compris mon erreur. Une erreur de type amateur débutant.

Nadim Tamazi m'avait fait le bon vieux truc de la porte du fond. Décidément, j'étais rouillé et pas qu'un peu. Si j'avais été en train de passer l'exam du privé le plus ringard, je gagnais haut la main.

J'engouffrai mon dernier gâteau et me faufilai jusque-là. Derrière, c'était les cuisines. Un gros type et deux filles me regardèrent traverser la pièce avec un regard absent. Ça ne devait pas être la première fois que des clients utilisaient la combine. Ça donnait sur une petite ruelle. Sombre, sale, tortueuse et vide à souhait. Je fis quelques pas dehors, les mains dans les poches. Il me semblait encore entendre les souliers vernis de Tamazi claquer sur les pavés.

Une grosse main s'abattit sur mon épaule et quelqu'un aboya dans mes oreilles quelque chose en arabe.

– Du calme ! criai-je en essayant de me dégager.

– Ici, on paye les gâteaux, monsieur.

Le serveur avait une tête de plus que moi. Il agrippait fermement le col de ma veste et paraissait prêt à me secouer comme un flipper. Il ne me lâcha que contre trois billets d'un dollar.

– Gardez la monnaie, mon vieux, j'ai bafouillé.

Vol à l'étalage, maintenant ! J'avais un zéro pointé sur toute la ligne, moi. Et pour passer inaperçu, ça n'était pas le top.

Je choisis un petit muret à l'ombre d'un figuier et je me mis à réfléchir. Probablement aurais-je dû commencer par là, plutôt que de me lancer tête baissée sur les talons de Tamazi. Le fait d'être en territoire inconnu, avec un nabab sur les bras et un Mielleux pour commanditaire m'avait fait perdre mon peu de jugeote.

Michel Trub avait pour résumer le métier une formule qu'il citait à tout bout de champ : « Fouiller, fouiner, filer. » Il appelait ça la règle des trois F. « Dans l'ordre, Achille, dans l'ordre ! » Un catéchisme simpliste, mais incontournable. La parole de Saint-Trub était d'or.

J'avais filé sans fouiner ni fouiller, voilà l'erreur. Emboîter le pas d'un type est à la portée du premier venu. Savoir où il nous mène est autrement plus intéressant. Et Tamazi m'avait assurément mené en bateau.

Fouiller, fouiner. Un journal ferait l'affaire. En français de préférence. Il y en a quelques-uns, à Beyrouth. Je jetai mon dévolu sur *Le Réveil de l'Orient*, à cause de son prix modique. Limiter les faux frais, toujours.

Ça n'était pas le canard qui m'intéressait, mais son adresse. Évidemment, le nom de la rue m'était parfaitement inconnu et je dus faire une nouvelle ponction dans mes dollars : acheter un plan de la ville.

Le local du journal se situait dans la rue Hamra, une large avenue plantée de banques, de boutiques et de cafés. À cette heure-là, les trottoirs étaient bourrés de monde, et il se passait à chaque instant quelque chose. Je regrettais de plus en plus d'avoir passé trois jours en tête à tête avec mon polochon. Beyrouth me plaisait. Malgré les ruines qui florissaient partout, il y avait dans l'air une petite musique plaisante, légère, parfumée.

Le Réveil de l'Orient ne devait pas tirer à des millions d'exemplaires. La façade du journal était quelconque, un peu triste, avec des fenêtres aux carreaux parfois fêlés. À l'intérieur, c'était plus animé. Des bureaux dans tous les coins et des gens qui couraient de l'un à l'autre en parlant très fort. Pas de murs. Quelques grands paravents servaient de cloisons.

Je demandai à consulter le bureau des archives. On me rit au nez.

– Mon ami, l'important, c'est ce qui se passe aujourd'hui. Hier, c'est déjà de l'histoire ancienne.

C'était un bon sujet de dissertation, mais ça ne m'intéressait pas d'en parler maintenant. Je brandis ma carte de privé comme une oriflamme. En oubliant que j'étais au Liban et qu'ici, elle ne valait pas tripette.

– C'est moi, les archives, dit l'homme en riant. Qu'est-ce que vous cherchez ?

– Tout ce que vous avez sur les Tamazi père et fils.

Je crus voir une légère crispation sur la bouche de mon interlocuteur. Mais il m'invita à le suivre d'un signe de tête et m'emmena dans une petite pièce sans fenêtre, aux murs garnis de casiers métalliques.

Pendant de longues minutes, sans un mot, il empila sur une petite table un nombre impressionnant de journaux, puis partit en me flanquant une petite tape dans le dos.

– Tout est là. À vous de jouer, mon vieux.

Jouer n'est pas le mot. J'avais devant moi une semaine de lecture, au bas mot. Fouiller, fouiner, il en avait de bonnes, Saint-Trub !

Je plongeai donc à corps perdu dans le monceau de feuilles. L'un après l'autre, je lus les articles consacrés à Tamazi and Co. Béton, béton, béton. Un hymne au béton. Ragheb Tamazi était le roi de la truelle, l'empereur de la grue, le pape du building. Les textes débordaient d'adjectifs qualificatifs appliqués d'ordinaire aux poètes et aux dieux. Pas la moindre bavure, pas le moindre petit scandale. Une vie exemplaire ; mieux, un mythe. Les photos le montraient généralement au bras de sa femme, Naïma, inaugurant un chantier, ou sur le bateau d'un riche armateur, entouré de ministres ou de militaires. Toujours en smoking. Toujours souriant. Un héros indiscutable.

Le titre annonçant sa mort barrait toute la une du journal. « Mort d'une légende », disait-il. Pas moins. S'ensuivait un article plein de miel, de larmes et de regrets éternels. Quant au fils, il n'avait eu droit qu'à de rares entrefilets, sans grand intérêt, plutôt dans la rubrique mondaine. On l'appelait simplement *l'héritier*.

Une ombre se découpa sur le journal que j'étais en train de lire.

– J'ai bientôt fini, dis-je sans lever la tête.

– Vous ne trouverez rien d'intéressant là-dedans.

La voix n'était pas celle du type de tout à l'heure. Je me retournai, pour découvrir un gros homme complètement chauve qui me regardait avec curiosité.

– Au contraire, gloussai-je, au contraire. J'ignorais jusqu'ici à quel point le béton pouvait provoquer des crises mystiques chez les journalistes.

– Depuis quelques années, le béton est devenu une religion, au Liban, monsieur Foireux.

Allons bon. Pour l'anonymat, c'était encore raté. Si j'avais eu un gyrophare sur la tête, ça n'aurait pas été pire. L'homme perçut mon malaise.

– Votre nom est sur la carte que vous avez montrée à mon collègue, tout à l'heure.

Tiens, c'est vrai. J'ai le chic pour compliquer les choses, moi.

– Et puis Trub m'a souvent parlé de vous, poursuivit-il.

Touché coulé. J'ouvris des yeux ronds comme des camemberts.

– Vous... Vous connaissez Michel Trub ?

– On a fait ensemble nos études de droit à la fac de Jussieu. Trub m'aimait bien, je crois. On s'écrivait régulièrement. Et puis plus rien. J'ai appris l'accident par une dépêche de presse.

Il y eut un moment de lourd silence. Puis l'homme me tendit la main en souriant. Sa poignée était ferme, chaleureuse.

– Je m'appelle Zouad Minar. Vous vous intéressez aux Tamazi ?

J'eus brusquement envie de tout lui raconter. Mais quelque chose m'en empêcha. Quelque chose qui ressemblait à de la prudence. Cette affaire était tapissée d'œufs frais, il fallait être léger comme une plume. Je lançai un vague :

– J'enquête sur une affaire de famille.

– Dans quel camp jouez-vous ?

La question était tranchante comme une serpe.

– Nulle part, mentis-je. Je cherche la vérité.

C'était la phrase préférée de Saint-Trub. Elle dut plaire à Zouad, car il me tendit une carte de visite en murmurant :

– Venez chez moi vers neuf heures, Achille. J'ai quelques documents sur le béton armé qui vous plairont beaucoup.

Ses yeux brillaient. On aurait dit un môme qui se pourlèche à l'avance d'un bon tour qu'il va jouer à quelqu'un. Il fit volte-face et disparut avec une curieuse légèreté pour un type de son poids.

Fouille, fouine. Je tenais un début de piste. Pour un Achille Foireux en exil, je ne me débrouillais pas si mal.

3

Zouad habitait à deux doigts du Musée national, près de l'Hippodrome. À cheval sur la fameuse « Ligne verte », l'ancienne ligne de démarcation entre Beyrouth-est et Beyrouth-ouest, pendant la guerre.

Un quartier grouillant, où les bâtiments chics voisinaient avec les ruines les plus sordides. D'un côté, des apparts climatisés, de l'autre, des taudis squattés par des laissés-pour-compte. Beyrouth avait apparemment du mal à panser ses plaies.

À voir l'allure de son immeuble, plutôt minable, Zouad n'appartenait pas au club des climatisés. Par ces temps de chaleur lourde et moite, c'était bien dommage. Je gravis péniblement les sept étages qui menaient à son appartement. La cage d'escalier était remplie de graffitis en arabe ou en français. J'y repérai un magnifique « Aziza je t'aime » et même un très surprenant « Vive le pape des loukoums ».

Quand j'arrivai au septième étage, j'étais en nage et pas seulement pour la rime. La porte était entrouverte. Je frappai et entrai sans attendre la réponse.

– Monsieur Minar ?

J'étais dans un vestibule sombre, à peine éclairé par une porte vitrée. Grand silence. J'insistai :

– Zouad ? C'est moi, Foireux !

En général, dans des circonstances semblables, je boxe la porte d'en face d'un coup de pied et je braque mon artillerie en hurlant : « Tout le monde face au mur, les mains sur la tête ! »

Mais il y avait un bail que je n'avais plus de flingue. Exactement depuis qu'on m'avait retiré mon port d'arme il y a six mois. Je fus tenté de faire demi-tour et de dévaler l'escalier, mais on ne se refait pas. Je suis curieux de nature. D'une main prudente, je poussai doucement la porte vitrée.

Très mauvaise surprise. Le corps massif de Zouad Minar gisait sur la moquette, au milieu d'un chaos effarant de papiers, de bibelots, de meubles renversés. On avait arraché les rideaux, éventré les coussins du canapé, découpé des morceaux entiers de moquette. Ça sentait la mise à sac en règle, un travail de pro.

Zouad s'agita, grogna quelque chose. J'aimais mieux ça. Ça m'aurait déplu qu'on liquide un homme si affable. Je me précipitai pour l'aider à se relever. Il était aussi mou que possible, comme vidé de sa substance.

– C'est moi, Zouad, claironnai-je, pour briser le silence.

Son visage n'était pas joli-joli. Il avait dû jouer les punching-balls pour le compte d'un marteau-piqueur ou pire encore. Le journaliste s'accrocha à moi comme un perdu et je le traînai jusqu'au canapé éventré.

– Ils étaient plusieurs ?

Il leva un seul doigt sans répondre.

– Vous le connaissiez ?

Haussement d'épaules. Il désigna un placard sur le mur. La pharmacie. Je le barbouillai d'alcool, de mercurochrome, lui collai quelques pansements de-ci delà. C'est à ce moment-là que je vis le dessin sur sa tempe gauche. Rouge sang. Cinq cercles concentriques barrés d'une croix. Une cible de tir.

Je le lui dis. Il eut un tremblement convulsif et lâcha :

– Alors je suis cuit.

Il n'avait franchement pas l'air dans son assiette. Je me demandais même s'il n'allait pas retomber dans les pommes.

– Expliquez-moi, Zouad.

– C'est simple. Je la boucle ou ils me descendent. Et la balle sera tirée là (il montrait sa tempe).

– Qui ça, « ils » ?

– N'importe qui. Ce ne sont pas les tueurs qui manquent à Beyrouth.

Zouad pratiquait l'art de ne pas répondre aux questions. Il avait sans doute d'excellentes raisons.

– Vous êtes en train de me dire que je ne verrai pas vos documents ?

– Quels documents ?

C'était de bonne guerre. On ne peut pas reprocher à quelqu'un de préférer la vie à la mort. Pourtant, j'étais sûr que les documents étaient encore là, quelque part dans l'appartement. Si le visiteur les avait trouvés, il n'aurait pas été jusqu'à arracher la moquette. Et c'est probablement pour cela que Zouad était encore vivant.

– Tout ce que je peux vous dire, Achille, c'est que *Le Réveil de l'Orient* est financé par l'entreprise Tamazi depuis des années.

Ça, je l'avais déjà deviné. Si Zouad avait un dossier explosif contre le bétonneur, il ne le publierait pas dans ce canard-là.

– Pourquoi rester chez eux ? Il y a d'autres journaux, à Beyrouth.

– On ne change pas d'habitudes à mon âge. Et je suis aussi très lâche.

En d'autres termes, il avait cru trouver en moi celui qui aurait pu utiliser ses documents. Sans se mouiller lui-même. C'était complètement raté.

Zouad réussit à tituber jusqu'à la cuisine et se remplit un verre d'arak, l'alcool local. Il avait l'œil plus vague que la mer.

– Je n'ai jamais su exactement comment Trub était mort, il y a six mois, murmura-t-il.

– D'après le rapport de police, il s'est noyé accidentellement.

– Vous y croyez, vous ?

– Il n'y avait pas d'eau dans la piscine où on l'a retrouvé.

Zouad eut un petit ricanement triste. Il avala son verre d'un trait et se mit à ramasser des papiers. La conversation était terminée.

C'était trop bête. Je venais de tomber miraculeusement sur un vieux pote de Saint-Trub, cet homme avait apparemment des infos passionnantes sur le type que je filais, il était archi-prêt à m'aider, et en quelques minutes, tout s'écroulait. J'étais vert. Charles Foireux, mon père, ne m'avait pas légué son nom en pure perte.

J'allais devoir recommencer l'enquête à zéro.

– Je ne vous en veux pas, Zouad, dis-je d'un ton que je voulus convaincant.

Il me tournait le dos, mais je voyais son visage, dans un bout du miroir brisé. Je crois bien qu'il pleurait. Zouad ne pouvait décidément rien pour moi.

À tout hasard, je laissai la carte de l'hôtel Alexandre près du téléphone. J'y avais inscrit le numéro de ma chambre et le nom que je portais là-bas, Charlie Gun, pour éviter toute confusion.

– Effacez cet épouvantable dessin, mon vieux. Et oubliez tout ça.

Le ricanement triste, encore.

– Je voudrais bien, Achille. Mais à présent, je ne suis plus qu'un cadavre en sursis, vous savez.

Il avait l'air de trouver ça naturel, comme s'il avait enfreint une règle du jeu et qu'il acceptait la sanction de l'arbitre.

Je redescendis les sept étages avec un drôle de poids sur les épaules.

4

Quand je passai la porte de l'hôtel Alexandre, il ne faisait pas encore tout à fait nuit. Je n'avais aucune envie de remonter dans ma chambre. Tout ce qui m'attendait là-haut, c'était une tapisserie pisseuse et des programmes télé qui oscillaient entre des sitcom en arabe et les émissions les plus ringardes des chaînes françaises. Tout juste s'ils ne passaient pas le bulletin météo de Charente-Poitou.

Je godillai jusqu'au bar, histoire de faire connaissance avec une boisson locale. Un whisky pur malt, par exemple. La meilleure façon de faire le bilan d'une journée.

Ça se résumait à pas grand-chose. Un, Nadim Tamazi prenait des précautions de Sioux pour aller à ses rendez-vous. Deux, quelqu'un était prêt à tuer pour éviter qu'on dévoile certaines infos sur les rois du béton. Trois, le signe sur le crâne de Zouad faisait partie du folklore local, et il fallait l'identifier rapidos. Quatre, une question sans réponse : qui était au courant de notre rendez-vous ?

Pas plus d'une question par jour, disait Saint-Trub. Je tenais la moyenne.

Le whisky était plutôt bon. Derrière le bar, un grand costaud nommé Saïd essuyait les verres en bâillant et les derniers clients venaient de partir. Une situation idéale pour faire un brin de causette. Je m'approchai du balèze en agitant mon verre.

– Un autre, monsieur Gun ?

Ici, j'étais toujours Charlie Gun. Et comme j'avais réglé rubis sur l'ongle ma note de pistaches et de cacahuètes, plus trois nuits d'avance, j'étais *Monsieur* Gun. Sa rasade de whisky fut à la mesure de mes espérances. Je poursuivis mon avantage :

– Vous croyez qu'on peut dénicher un flingue, dans le quartier, Saïd ? Je trouve que Beyrouth n'est pas sûr, après minuit.

Il ne cilla pas d'un poil, reboucha calmement la bouteille.

– Ça peut s'arranger. Quel calibre ?

– Petite taille. J'ai horreur d'avoir des plis sur mon costard.

Il sourit poliment et disparut dans l'arrière-salle, pour réapparaître quinze secondes plus tard avec deux casques de motard.

– Suivez-moi, monsieur Gun.

Je suis sûr que si j'avais demandé un lot de Kalachnikov ou un lance-roquettes, ça n'aurait posé aucun problème. Beyrouth était toujours entre deux guerres.

Saïd avait une belle moto et il en était fier. Dans l'indescriptible cohue des bagnoles qui fourmillaient à Beyrouth, c'était la seule façon d'avancer plus vite que les autres. Il avait dû se la payer en faisant autre chose que des extras, à mon avis. Quand il appuya sur le démarreur, elle se mit à ronronner comme un gros matou content.

J'ignore où il m'emmena car il conduisait vite, très vite, et mon unique préoccupation fut de ne pas dégringoler dans les virages. Il s'arrêta au bout d'une petite rue sombre, encombrée de gravats en tous genres. Pendant quelques secondes, nous longeâmes une palissade saturée d'affiches de cinéma aux couleurs criardes, qui détonnaient dans cet endroit quasi désert. Mais je ne m'étonnais déjà plus des paradoxes de Beyrouth.

– Vous avez le vertige, monsieur Gun ?

Drôle de question. Il y avait une tour de Babel, dans le coin ?

Nous venions de déboucher sur un terrain vague et Saïd pointa son doigt vers un de ces immeubles fracassés par les bombes dont la ville comptait encore de nombreux exemplaires. Comme si on les conservait pour les montrer aux touristes en mal de sensations fortes. Celui-là était impressionnant. La façade principale était éventrée, et ses cinq étages quasiment à ciel ouvert. Certaines parties de mur, encore maintenues par des brassées de ferraille, pendouillaient au-dessus du sol. À quelques mètres, le trottoir d'une grande rue commerçante, qui devait grouiller de monde pendant la journée. Pas de protection, à part un bout de palissade dérisoire.

Je crus voir de la lumière au troisième étage. Je rêvais, sans doute. Saïd s'engagea sans hésiter sous une sorte de porche en ciment et se mit à grimper des marches en fer. Peut-être l'ancien escalier de secours de l'immeuble. On l'avait manifestement réparé de bric et de broc, parfois avec des planches, parfois avec des tôles. À chaque pas, ça branlait sérieusement. Naturellement, il n'y avait pas de rampe de sécurité.

– N'ayez pas peur, je l'ai pris des dizaines de fois ! ricana Saïd.

Achille Foireux aurait peut-être été vert de frousse. Pas Charlie Gun. Ou alors juste un petit peu, pour la forme. « La peur fait l'homme », répétait souvent Saint-Trub.

Au fur et à mesure qu'on grimpait, l'escalier oscillait de plus en plus fort. Saïd s'arrêta par bonheur au troisième étage. Quelques marches de plus et je suis sûr que tout s'effondrait.

Nous étions sur une plate-forme jonchée de détritus, et qui avait dû être autrefois le plancher d'un appartement. Je n'avais pas rêvé : il y avait bien une lumière qui filtrait à travers les murs lézardés.

Saïd s'engouffra dans un couloir dont le plafond était couvert de canisses et de carton. Au bout, une porte. Il frappa longuement, sur un rythme particulier. Rumba, peut-être. Comme dans tout immeuble qui se respecte, quelqu'un vint lui ouvrir. C'était surréaliste. Il ne manquait devant la porte qu'un paillasson avec « Home sweet home ». Une idée cadeau si je me pointais à nouveau dans le secteur.

L'homme nous fit entrer. Derrière, c'était à pleurer. Matelas à même le sol, cartons en guise de tables, chaises de camping. Plus loin, un brasero éteint, des grosses bassines, une cuisinière. Ça sentait la misère à pleins tubes. Les fenêtres étaient bouchées avec des sacs poubelle. Mais il y avait le téléphone.

– C'est une bonne planque, dit Saïd. Personne ne s'aventure ici.

Je voulais bien le croire. Les quatre types qui étaient en train de jouer aux cartes sur un carton me dévisageaient d'un air peu amène. Pour ne pas dire agressif.

L'homme qui avait ouvert discuta un moment en arabe avec Saïd, puis me fit signe de le suivre. On passa dans une salle plus petite, où un jeune garçon jouait aux fléchettes contre un mur en plâtre. Je sursautai : le dessin de la cible était le même que celui tracé sur la tempe de Zouad. Et il y en avait d'autres tracés sur la cloison, ou gravés au couteau.

– Vous venez, monsieur Gun ? L'arsenal est à l'étage au-dessus.

L'arsenal ? Diable, Saïd y allait fort, pour un petit traficoteur de flingues.

Cette fois, l'escalier était en béton. En haut, il y avait une pièce minuscule aux murs tapissés d'armoires en fer. Ce fut aussi simple que dans une épicerie. L'homme ouvrit une armoire, en sortit quelques flingues, de la taille que j'avais souhaitée, et les posa sur le sol. Je choisis un colt Cobra, trapu, au canon court. Un compagnon discret mais efficace. Saint-Trub préférait les gros calibres, style Magnum Python, à cause de leur puissance de tir.

C'était la seule chose sur laquelle nous n'étions pas d'accord.

Trois cents dollars. Le prix était raisonnable. Ça écornait salement mon budget, mais je ne voyais pas comment éviter la chose. Saïd empocha sa commission et nous redescendîmes sans un mot.

– Si un jour vous voulez un lot de grenades ou une mine antichar, vous savez où aller, gloussa Saïd.

En passant dans la petite salle où le gamin s'amusait, je désignai négligemment la cible criblée de trous minuscules.

– Ça ferait une enseigne géniale pour votre job, non ?

– Je ne vous souhaite pas de découvrir ce signe-là un jour sur votre porte, monsieur Gun.

Je dressai l'oreille.

– Ah oui ?

– Chez les trafiquants d'armes, ça a un sens précis : personne sous haute surveillance, à abattre en cas d'urgence. Et l'urgence, c'est le pain quotidien, à Beyrouth.

Compris. Tout ça m'ouvrait de palpitantes perspectives. En venant ici, j'avais mis dans le mille sans le savoir. Si je ne m'étais pas retenu, j'aurais embrassé Saïd sur les deux joues.

Des documents sur le béton *armé*, avait dit Zouad Minar. Une allusion à peine voilée aux activités cachées des Tamazi. Et la cible dessinée sur la tempe du journaliste en était la preuve par neuf.

J'avançais à pas de géant. La règle des trois F marchait toujours. Fouiller, fouiner, c'était fait. Restait à filer.

En rentrant de mes petites emplettes, je téléphonai au Mielleux, histoire de ne pas le laisser sans nouvelles du bon Achille. Intarissable sur ma filature ratée, je fus beaucoup plus discret sur le reste. Et même muet, à vrai dire. Je ne voulais rien mettre sur la table avant d'être sûr. Si Nadim Tamazi donnait dans le trafic d'armes, il me fallait des preuves. Pas des hypothèses. Le Mielleux aboya quelques amabilités sur mon incompétence et me raccrocha au nez. Avec un gars de son acabit, il ne faisait pas bon parler pour ne rien dire.

5

Tamazi était peut-être difficile à suivre dans Beyrouth, mais on ne pouvait pas manquer ses arrivées et ses départs. Dès qu'il faisait le moindre pas en dehors de sa suite, le personnel de l'hôtel s'agitait dans tous les sens.

Je le vis aller et venir plusieurs fois, escorté de son escadron de gorilles. Je ne bougeai même pas. On n'emmène pas ses gros bras quand on a un rancard top secret. Mais aujourd'hui, le nabab n'avait pas l'âme mystérieuse.

Pendant toute la journée, je fis donc des mots croisés dans le hall de l'hôtel, à l'abri d'une plante verte, en adressant de temps en temps des petits signes de la main à Saïd, derrière son bar. Ou en nouant une brève idylle avec la blonde standardiste qui s'ennuyait presque autant que moi. J'alternai avec la lecture du bouquin d'Antonio Valguez, dont l'intrigue était d'une effarante complexité. Il fallait que je relise chaque chapitre au moins deux fois.

Bref, je planquais. En général, dans mon boulot, c'est un moment que j'apprécie, même s'il dure une éternité. Un moment curieux, d'ailleurs. On est comme en apesanteur, hors du temps. Je n'irais pas jusqu'à dire que la planque est propice à la méditation, mais presque. En tout cas, elle venait à point nommé après les tumultes de la journée d'hier, où j'avais eu mon compte d'émotions. Aujourd'hui, je marchais un peu au ralenti. En attendant le départ de la course en solitaire de mon champion. Qui tardait, qui tardait, qui tardait.

Toute la journée il y eut un ballet incessant de visites pour Tamazi, y compris celle du Mielleux, accompagné d'un type immense, au visage en lame de couteau, et qui marchait d'une curieuse façon, comme s'il dansait. Le pli que faisait sa veste sur son flanc droit ne laissait aucun doute sur sa fonction. Mon commanditaire avait lui aussi son garde du corps. C'était donc quelqu'un d'important dans l'organigramme du groupe. Plus important qu'un simple expert-comptable. Si Saint-Trub avait été à mes côtés dans cette enquête, Samir Barazé aurait eu lui aussi quelqu'un sur le dos. Qui était-il vraiment, j'aurais bien aimé le savoir. Mais je ne pouvais pas courir deux lièvres à la fois.

Nadim Tamazi apparut seul dans le hall vers neuf heures. Il avait le même costume, les mêmes lunettes noires. Seul changement au programme, il sortit à pied de la cour de l'hôtel. Ça m'arrangeait plutôt. Sauf qu'il marchait à grandes enjambées et que ma journée de planque m'avait plutôt ankylosé les mollets. Mais j'arrivai tant bien que mal à assurer le train.

« Les pieds sont au détective privé ce que les mains sont au pianiste », affirmait Saint-Trub. Une fois de plus, il avait raison, le bougre.

La nuit tombait. Beyrouth n'est pas éclairée, le soir, ou si peu. Pour ce qui est de lire le nom des rues, tintin ! J'ignorais totalement où Tamazi m'emmenait.

La balade fut courte, heureusement. Nadim s'enfonça soudain sous un porche, après avoir jeté un coup d'œil derrière lui. J'étais trop loin pour qu'il se doute de quelque chose.

Cinq secondes plus tard, j'empruntai le porche à mon tour et débouchai dans une petite cour intérieure flanquée d'un escalier. Au premier étage, au-dessus d'une porte massive, une inscription à la peinture noire : *Le Sérail*, en français et en arabe. Un cabaret. En pleine activité, puisque j'entendais quelqu'un chanter. Je poussai le battant et allai m'asseoir sur une banquette vide, au fond de la salle.

Il n'y avait pas beaucoup de monde encore. Je commandai un verre de lait. Jamais d'alcool pendant le service, une règle d'or. Tamazi s'était installé à une table, près des musiciens. Le chanteur, un gros type aux paupières closes qui grattouillait un rebab, était accompagné par un joueur de darbouka, aux doigts comme des pattes d'araignée. Sa voix était rauque, chuintante. Nadim balançait sa tête en l'écoutant. On lui avait apporté un narghilé et il tétait le tuyau à petits coups, en habitué. Il avait tombé la veste, desserré sa cravate. Ainsi il paraissait encore plus jeune.

Un peu plus tard, les gens commencèrent à arriver. Par groupes, assez bruyamment. Une fille se mit à danser, en tapant dans ses mains, les hanches ondoyantes. D'autres se joignirent à elle. À côté de moi, un type se posa un verre d'arak sur le crâne et, les index pointés vers le plafond, se mit à tournoyer avec les autres au milieu des acclamations. Il faisait chaud, le lait était buvable. J'étais bien. J'avais presque oublié pourquoi j'étais là.

Du coup, je faillis rater l'essentiel. Nadim s'était imperceptiblement tourné vers la table voisine et je le vis glisser une enveloppe grise à une grosse femme très maquillée, qui sortit précipitamment.

J'eus un mal fou à traverser la salle encombrée de danseurs, mais le bruit des talons aiguilles dans l'escalier de béton me rassura. Clic-clac-clic-clac, le martèlement était vif, sec, un choc clair, un choc sourd. Il s'imprimait déjà dans mon cerveau. Pour un privé, le langage des pieds est capital. Clic-clac-clic-clac, la filature allait être facile.

Je suivis la lourde silhouette pendant quelques minutes. La femme marchait vite, sans se retourner. Puis je la vis brusquement bifurquer dans une minuscule ruelle, comme si quelqu'un ou quelque chose l'avait happée. J'eus beau foncer jusque-là et écarquiller les yeux dans toutes les directions, la nuit avait avalé la dame. Normal. Avec ses rues en forme de labyrinthe, ses chantiers ouverts à tout vent et l'absence quasi totale de lumière la nuit, Beyrouth devait être la Mecque des types en cavale.

J'étais refait. Achille Foireux était devenu un spécialiste des bides. Et Charlie Gun n'y pouvait rien.

Je décidai de retourner au *Sérail*. Le lait y était excellent et j'y apprendrais peut-être des choses sur mon nabab. Avec quelques verres d'arak dans le nez, qui sait s'il ne se mettrait pas à me raconter sa vie, son œuvre ?

Naturellement ma place était prise et il y avait tellement de monde que je dus rester debout au bar, coincé entre une femme qui noyait son chagrin au bourbon et un Américain plutôt tapageur.

On avait dégagé les tables du milieu pour les danseurs et, tout autour, les gens mangeaient. Je me demande comment se débrouillaient les garçons pour aller servir leurs *mezze* sur les tables.

Nadim Tamazi n'avait pas bougé. Il tétait toujours son tuyau, les yeux mi-clos, la chemise largement ouverte sur la poitrine. Une fille l'invita à danser et il ne se fit pas prier. Une seconde plus tard, il se tortillait en face d'elle, les index pointés en l'air. Il n'avait plus rien du milliardaire de l'hôtel Alexandre. Il ressemblait à n'importe quel jeune homme cherchant à prendre du bon temps. Et il y parvenait fort bien.

Je l'enviais. Je les enviais tous. Moi aussi j'aurais bien aimé me dandiner au son du rebab, un verre d'arak sur le crâne. Ou, comme Nadim, serrer contre moi une belle fille brune aux cheveux bleutés.

Mais jamais je n'aurais pu faire ce qu'il fit, une fois le morceau achevé : sortir son portefeuille et balancer une liasse de dollars dans la direction du bar en hurlant à la cantonade quelque chose en arabe.

Quelque chose que tout le monde applaudit et qui jeta les serveurs dans une transe d'enfer. À la quantité de bouteilles de champagne qui se mirent à fleurir sur le comptoir, il n'était pas difficile de comprendre ce qui se passait. Quand Nadim Tamazi offrait une tournée générale, ça n'était pas au gros rouge qui tache. J'avais l'air fin avec mon verre de lait.

Le Mielleux aurait été curieux de voir avec quelle aisance son patron claquait le fric. Après tout, Nadim n'était peut-être qu'un joyeux luron porté sur les filles, le rebab et les danses langoureuses. À choisir, j'aurais nettement préféré ça au trafic d'armes. Ce garçon m'était de plus en plus sympathique.

C'était la première fois de ma carrière qu'un type que je filais m'offrait le champagne.

6

J'avais fini par abandonner Tamazi, au moment où il serrait de plus en plus près la fille aux cheveux bleutés. Le Mielleux ne me payait pas pour jouer les voyeurs. Tamazi prenait du bon temps, c'était son droit. Moi, je jetai l'éponge.

La queue entre les pattes et des questions plein la tronche.

La nuit ne porte pas conseil, malgré ce qu'on dit. Au réveil, je n'avais pas l'ombre d'une réponse.

Je décidai de laisser tomber pour l'instant la règle des trois F chère à Saint-Trub. Et notamment les deux premiers F, fouiner fouiller. Fouiner où et fouiller quoi, d'abord ? Pas question d'aller visiter la suite de Tamazi, elle devait fourmiller nuit et jour de gorilles musclés. J'avais bien essayé d'interroger discrètement le personnel de l'hôtel sur le nabab, mais en pure perte. Comme si tout ce qui touchait à Tamazi était tabou. Total silence radio. Même Saïd m'avait envoyé sur les roses d'un : « Des petits comme nous, ça ne se mêle pas des affaires des gros, monsieur Gun. » Et Zouad, le seul type qui aurait pu m'aider, avait une cible dessinée sur la tempe.

Je me sentais complètement isolé, égaré dans un univers qui n'était pas le mien. Un peu comme un singe qui chercherait des cacahuètes sur la banquise.

Filer, donc. J'avais une grosse dame en point de mire, il fallait que je perce son mystère. Bien sûr, j'aurais pu cuisiner toutes les femmes dodues et fardées de Beyrouth. Elles foisonnaient, ici. Mais laquelle choisir ?

Filer Nadim Tamazi pour pouvoir filer l'inconnue, c'est tout ce qu'il me restait comme solution. Pas folichon, comme programme. Et au vu de mes récentes performances, ça n'allait pas être de la tarte.

Effectivement, les jours suivants, les choses ne varièrent guère. Après avoir reçu dans sa suite de l'hôtel Alexandre des visiteurs de tout acabit, Nadim se glissait dans une des limousines. Généralement en fin d'après-midi, ou le soir. Moi, je suivais dans un des *services* qui grouillaient toujours dans la rue avoisinant l'hôtel. On roulait parfois beaucoup, parfois peu. Tamazi garait sa bagnole sur un trottoir quelconque, faisait quelques centaines de mètres à pied, en s'assurant qu'il n'était pas suivi. Puis il entrait dans un café, s'engouffrait sous un porche, ou hélait un taxi. Avec bibi collé à ses basques.

La destination n'était jamais la même, mais où qu'il aille, invariablement, le jeune homme rencontrait la grosse femme et lui refaisait le coup de l'enveloppe grise. Invariablement, j'étais semé par celle-ci, pour qui Beyrouth semblait n'avoir aucun secret. Impasse, terrain vague ou chantier, elle finissait par disparaître. Sans que je sache si elle m'avait repéré ou non.

À chaque fois, lorsque je rentrais à l'hôtel, j'allais noyer mon blues avec l'ami Saïd. On papotait déjà comme deux vieux amis. Il me donnait du « Charlie », à présent. En dehors de ses petits extras dans le trafic d'armes, que je ne regrettais d'ailleurs pas, c'était un garçon adorable.

Je continuais donc à collectionner les fiascos. La routine, en somme. Le seul imprévu, quand la limousine de Nadim m'emmenait dans son sillage, c'était le nombre de barrages en ville, ceux de l'armée syrienne ou des forces libanaises, au choix. Des haltes obligées, parfois bon enfant, parfois plus tumultueuses. Deux ou trois dollars arrangeaient les choses.

Pendant ces quelques jours, Beyrouth fut un morne, un fastidieux Monopoly, où j'avais la sensation de jouer le rôle du pion qu'on pousse. J'étais totalement inefficace. Quand je rentrais le soir, très tard, après mes piteuses filatures, j'avais toute la nuit pour soigner mes insomnies. Je n'arrive pas à dormir quand je pédale dans la choucroute.

Du coup, j'avançais bien dans le livre d'Antonio Valguez. Il me restait une quarantaine de pages.

Jusqu'à ce mercredi soir.

Tamazi venait de faire son numéro habituel. Cette fois, la femme était montée sous mon nez dans une grosse voiture jaune que je regardais déjà s'éloigner, impuissant, la rage au cœur. Et puis, coup de bol, quelques mètres plus loin, le véhicule dut s'arrêter, coincé par un convoi militaire. Sans réfléchir, je galopai comme un fou, et grimpai sur le pare-chocs arrière. J'avais vu faire ça dans un paquet de films américains. À la fin de la scène, le héros descend en catimini de son perchoir, se faufile sous la voiture, et le tour est joué.

La voiture redémarra. J'avais une main chevillée à la minuscule poignée du coffre et l'autre agrippée à l'un des phares arrière. Autant dire que je tenais le coup par inadvertance. Je déconseille ce mode de transport. Très inconfortable, et je pèse mes mots. La dame était du genre brutal et, à chaque virage, je frôlais la catastrophe.

Nous roulâmes un certain temps, la poignée du coffre, le pare-chocs et moi. Puis la bagnole s'engouffra sous un grand porche blanc. Je me crus autorisé à relâcher mes muscles et mon attention. Erreur impardonnable. Un brusque coup de frein et un tournant serré me rappelèrent à la raison. Le pare-chocs se déroba, l'imbécile, et je me lançai illico dans un de ces vols planés qui comptent dans l'existence. Ma tête cogna quelque chose de dur. La seule chose dont je me souvins avant de sombrer corps et biens, ce fut la lumière bleutée d'un gyrophare.

7

Tout était blanc, ici. Les murs, le plafond, les draps, la robe de la dame qui me parlait en arabe, très vite, très fort. Un homme entra dans mon champ de vision et se pencha sur moi, comme s'il avait l'intention de me souffler dans le nez.

Je me redressai, vaguement inquiet. Enfin, j'essayai, parce que j'eus soudain l'impression que quelqu'un m'avait posé une enclume sur la tête. Le type me regardait en souriant. Je réussis à bégayer :

– Je suis où, là ?

– Dans un hôpital. On vous a ramassé tout à l'heure sur le parking, juste devant le service des urgences. Vous avez l'art de choisir vos points de chute.

Il me tapota le bras avec nonchalance.

– Rien de grave, rassurez-vous. On va vous garder un peu, par précaution.

Cette fois, je réussis à m'asseoir sur le lit. Bon sang, ma tête résonnait comme un hall de gare.

– C'est que j'ai plein de trucs à faire, moi, bredouillai-je.

– Plus tard, plus tard.

On me repoussait doucement sur l'oreiller. Je fermai les yeux, docile. Il fallait bien que je laisse mon crâne se recoller lentement.

Lorsque je vis de nouveau le plafond et les murs, j'étais seul dans la chambre. La cervelle apparemment reconstituée et des idées un peu plus nettes. Des gens passaient devant la porte ouverte, en face. Des chariots aussi, avec un cliquetis de verre et de métal. J'entendais des voix fortes, qui résonnaient dans ma tête comme des grelots. Pour une cure de silence, les urgences ne sont pas ce qu'on fait de mieux.

Je me glissai hors du lit, me mis debout avec difficulté. Ma tête tangua quelques secondes, et il me sembla que j'avais chaussé des patins à roulettes. Mais je réussis à avancer. Ma cravate et ma veste m'attendaient sur le dossier d'une chaise. Je nouai l'une et endossai l'autre, histoire de ressembler à l'Achille Foireux d'avant.

Dans le couloir, j'enfilai quelques portes au hasard, avec une idée en tête : explorer les parkings du quartier et retrouver la voiture jaune. Peut-être était-elle encore garée dans le secteur, si j'avais de la chance.

C'est alors que j'entendis un bruit que je connaissais bien, derrière moi. Clic-clac-clic-clac. Un bruit qui me rattrapa, me dépassa. Clic-clac-clic-clac. Je reconnus le dos que je suivais tous les soirs depuis trois jours. Aucun doute, ce qui venait de me doubler, c'était la grosse dame aux enveloppes grises, celle qui m'avait lâché comme un paquet de linge sale dans la cour de l'hosto.

Pour une fois, je tenais le pompon.

Je tentai d'accélérer le pas, mais mon cerveau se mit à faire des grumeaux et il me sembla que les dalles du couloir dansaient dangereusement. Tout ce que je réussis à faire, ce fut de m'adosser au mur pour éviter de couler à pic. C'est désespérant, un corps qui refuse de vous obéir. Je vis la femme pousser tranquillement la porte d'un bureau, y entrer, refermer le battant.

Elle n'avait pas frappé. La conclusion s'imposait : la dame était chez elle. Je lus le panneau, sur la porte : *Najwa Aboul, intendante.*

Enfin, une planque comme je les aime. Calé sur un fauteuil, à l'abri d'une plante verte. J'en profitai pour me refaire une santé.

Un quart d'heure plus tard, Najwa Aboul ressortait du bureau, clic-clac-clic-clac, et disparaissait dans les profondeurs de l'hôpital. Sans avoir cadenassé la porte, brave femme. Elle devait travailler tard le soir.

Son sac à main était gentiment posé sur la table de travail. Trop beau pour être vrai, mais j'étais preneur.

Sur son agenda, la lettre T revenait souvent, avec, en face, le nom d'une rue, ou celui d'un restaurant, d'un hôtel. Les précédents rancards avec le nabab. Mais il y avait mieux : le lieu et l'heure de la prochaine rencontre. C'était inscrit noir sur blanc et souligné deux fois. Demain jeudi, 22 heures, jardin de la chapelle d'Ouznaai. Pas d'autres indications pour les jours suivants. Ça ressemblait comme un frère à un ultime rendez-vous.

Je trouvai aussi l'adresse de la dame, dans les beaux quartiers de la ville. Mieux que le numéro gagnant du loto. Il y avait une grosse photocopieuse dans le bureau. Je fis quelques clichés des pages intéressantes.

Je ne regrettais pas les galères de ces jours derniers. Finalement, le métier réservait encore quelques joies. « Le seul job où tu peux gagner du fric en retrouvant un ticket de métro ou un bouton de culotte », disait Saint-Trub. En l'occurrence, c'était le clic-clac-clic-clac qui m'avait mis sur la voie. Une chance qu'elle ait eu une prédilection pour ce type de pompes. Si elle avait chaussé des charentaises, j'aurais été dans les choux.

Dehors, la nuit était tombée. Je quittai l'hôpital rapidement, en bénissant le hasard qui me servait de compétence. Cette fois, le Mielleux allait être content.

Sitôt rentré à l'hôtel, je l'appelai. Il fallait bien justifier mes faux frais de temps en temps. Quand je lui indiquai le nom de la dame, il eut un petit cri de surprise. De toute évidence, Najwa Aboul ne lui était pas inconnue.

– Bien, Achille, bien. Je savais bien que je ne misais pas sur un tocard.

Il me sembla entendre son fameux sourire, à l'autre bout du fil.

– Votre boulot est terminé, mon vieux. Les dix mille dollars seront dans votre casier demain matin.

– Comment ça, terminé ?

Il avait déjà raccroché. Je restai quelques secondes le téléphone à la main, avec pour seul interlocuteur le bip-bip-bip de la tonalité.

J'étais viré. Le Mielleux m'enlevait mon os, au moment le plus intéressant. Ce gars-là aurait dû savoir qu'un Achille Foireux n'est pas un employé de maison. Quand je commence une enquête, je la finis, même si ça ne me réussit pas toujours, surtout ces derniers temps.

Et puis je n'aimais pas le Mielleux, ni son sourire, ni sa façon de m'appeler Achille.

Il n'y avait pas une minute à perdre. Je redescendis dans le hall à toute allure. Saïd était de service au bar, comme d'habitude. Il tiqua un peu lorsque je lui demandai de me prêter sa moto sous le prétexte d'aller faire une balade touristique sur la Corniche, pour voir la fameuse Grotte aux pigeons, mais à force de trinquer avec moi, il m'avait à la bonne. J'eus même droit au casque intégral.

8

En plein milieu du quartier bourgeois de Mar Nicolas, le pavillon de Najwa Aboul était plutôt coquet. Jardin aux palmiers épanouis, grandes baies vitrées, escaliers en céramique, façade d'un blanc éclatant, il respirait l'aisance et le bien-être.

Un peu trop, je dirais. Pour quelqu'un qui tenait tant à garder son mystère, l'intendante avait un goût certain pour l'ostentation. Même sous la clarté laiteuse de la lune, ça sentait le fric.

Je garai la moto de Saïd juste en face, sous un énorme tamaris. La rue était déserte, silencieuse. Un chien passa en trottinant.

Il n'y avait aucune lumière dans le pavillon et, sur le côté, le garage grand ouvert était vide. La proprio n'avait pas fini sa journée à l'hôpital. Ça ne pouvait pas mieux tomber. Je franchis en souplesse la petite grille aux arabesques tarabiscotées qui entourait le jardin et entrepris de faire le tour de la bicoque.

Le pavillon n'avait rien d'un bunker. Entrer là-dedans ne fut pas bien difficile. Je repérai un vasistas à moitié ouvert et me glissai à l'intérieur. J'étais apparemment dans une buanderie, vu l'odeur un peu aigrelette qui y flottait. J'attendis quelques secondes, pour humer le silence. Il était comme je l'aimais, total, définitif, accueillant. Idéal pour une petite visite de courtoisie. En attendant Najwa Aboul, j'allais pouvoir saluer tiroirs, placards et compagnie.

J'ouvris paisiblement la porte et m'engageai dans un long couloir encombré de cartons. Des gros, des petits, ils formaient une véritable haie d'honneur jusqu'à un grand salon, également rempli de cartons. Mme Aboul donnait-elle aussi dans le trafic de Kalachnikov ? J'en ouvris deux ou trois au hasard. Remplis de bouquins, de bibelots. Ça sentait le déménagement à plein nez. Intéressant.

La lune donnait en plein dans le salon et sur le mur blanc du fond, je vis nettement se découper un dessin que je connaissais bien. La cible. Tracée à la bombe, couleur rouge vif. Najwa était donc aussi dans le collimateur des trafiquants d'armes. Qu'est-ce que ça signifiait, bon sang ? Était-elle dans le même cas que Zouad, à posséder des informations compromettantes sur Nadim Tamazi ? Le faisait-elle chanter ? Je m'approchai du mur et tâtai la peinture. Elle était fraîche. J'en tirai immédiatement une conclusion, mais un peu tard. Un objet dur se posa sur ma nuque et quelqu'un dit :

– Bouge pas, Foireux.

Je ne connaissais pas cette voix-là. En revanche, j'identifiai facilement le silencieux vissé au bout du flingue. Le genre de tue-mouches qui fait un petit plooof en guise de détonation. Très discret, très efficace.

Je ne bougeai pas d'un poil, mes mains levées bien haut, comme l'exigeait le règlement. Ce qui me permit d'envoyer de toutes mes forces mon coude derrière moi, au jugé. Ça ne réussit pas à chaque fois, mais là, je fus performant en diable. Il y eut un crac sourd et, un instant, je crus avoir fendu la boîte crânienne de mon braqueur. Il s'écroula sur la moquette comme un pantin soudain privé de ses ficelles.

En fait de tête fendue, c'était juste son nez qui avait un peu éclaté. Il avait l'air d'un clown, avec sa tomate au milieu de la figure. Un clown que je reconnus pour l'avoir vu à côté du Mielleux, dans le hall de l'hôtel Alexandre, l'autre jour. Le grand type qui dansait en marchant à côté de Samir Barazé. Mon ex-patron n'avait pas été long à envoyer ses compliments à Mme Aboul en la personne de son gorille favori. Je récupérai le flingue du Danseur et tapotai doucement le canon sur son front blême.

– On se réveille, princesse. C'est le prince charmant.

J'adore ce genre de vanne délicate, ça met tout de suite une atmosphère bon enfant dans la conversation. L'autre ouvrit les yeux, parut ne pas apprécier la situation. Il fut inutilement désagréable.

– Je t'emmerde, Foireux.

Aux gros mots les grands remèdes. J'ai horreur des tortures physiques, mais dans certains cas, il faut faire avec. Je pris son oreille gauche de ma main libre et entrepris de la plier en huit pour la faire rentrer tout entière dans le trou. Un vieux supplice enseigné par Saint-Trub. Au troisième pli, il me promettait de dire tout ce qu'il savait et même plus.

Une heure plus tôt, il avait reçu l'ordre de cuisiner l'intendante. Le Mielleux la soupçonnait de mêler Nadim Tamazi à un trafic d'armes.

Je tiquai. Chantage, racket, pourquoi pas. Mais j'imaginais mal l'intendante en train de fourguer des flingues ou des Kalachnikov.

– Si c'est le cas, on l'élimine, poursuivit le Danseur. Barazé ne supporte pas la concurrence.

Concurrence ? Le mot me frappa de plein fouet. J'étais scié.

– Samir Barazé fait dans le trafic d'armes, lui aussi ?

Le Danseur ricana.

– Ta candeur m'épate, Foireux. Le boss est un caïd, dans ce business. Sa spécialité, c'est le lance-missiles. Mais les torpilles sous-marines et les chars d'assaut ne marchent pas mal non plus.

– Tu plaisantes ?

– Jamais quand je travaille. Tiens, demain, Barazé fait l'aller et retour jusqu'à Ankara, pour vendre des pièces détachées de sous-marin. Grosse affaire. C'est même pour ça qu'il n'a pas pu se charger lui-même de la mère Aboul.

Devant ma mine stupéfaite, il montra d'un mouvement de tête la cible rouge sur le mur du fond.

– Ce truc que j'ai bombé, c'est un tag de môme, à ton avis ? Tout le monde connaît ça, à Beyrouth. Tu débarques ou quoi ?

Exact : je débarquais. Avoir bossé pour un marchand d'armes me donnait la nausée. Je n'avais jamais cru qu'il fût expert-comptable, mais de là à imaginer qu'il donnait dans le petit commerce de la mort...

– Alors, la mise à sac, chez Zouad, le premier jour, c'était toi ?

– Barazé voulait que je te surveille, au début. Pour t'éviter de déraper sur des terrains glissants, on ne sait jamais. Je t'ai suivi jusqu'au *Réveil de l'Orient*. J'ai des amis, là-bas. Ils m'ont dit que tu avais vu Zouad. Très mauvais, ça. Zouad était un fouille-merde.

– Était ?

Je dus crisper un peu trop mon doigt sur la détente du flingue car le Danseur s'agita, mal à l'aise :

– T'énerve pas, Foireux. Toi et moi, on est dans le même camp, non ? Et puis on ne joue que les seconds rôles, pas la peine de s'entre-tuer pour si peu...

Peut-être me serais-je énervé, peut-être pas. Des phares de voiture balayèrent une seconde le couloir, derrière moi. Najwa Aboul rentrait au bercail.

– On va faire un brin de causette, tous les trois, soufflai-je à l'oreille dépliée du Danseur. Qu'on sache un peu qui fait quoi, dans cette histoire de dingues.

Rien de tel qu'un bon débat démocratique pour faire avancer les choses, surtout quand on est celui qui tient le flingue. Je liai prestement les poignets du tueur avec une corde à rideau et enfonçai mon mouchoir dans sa bouche. Car je pratique à la fois l'art de faire parler les gens et celui de les faire taire.

Le ronronnement du moteur venait de cesser, dans le garage. Je me faufilai jusqu'à la porte d'entrée, le silencieux d'une main et mon colt Cobra de l'autre, histoire d'impressionner la galerie. Réussite totale. Quand le battant s'ouvrit et qu'elle vit les deux canons pointés vers elle, Najwa Aboul ne trouva rien d'autre à faire que de s'évanouir sur mes chaussures.

Les gens tombaient comme des mouches autour de moi, ces temps-ci.

Je la traînai jusqu'au salon. Bon sang qu'elle était lourde. Lorsque je réussis à la coller sur le canapé, j'étais trempé de sueur. Mais autant être confortable pour entamer la conversation.

J'allumai un lampadaire, m'installai dans un fauteuil, les flingues posés sur mes genoux, et attendis le réveil de la dame. Ce ne fut pas long. Elle se redressa brusquement et balaya la pièce d'un œil un peu hagard. La cible rouge sur le mur, le Danseur bâillonné, moi et mes deux flingues. Manifestement, le sens du scénario lui échappait.

– Qui êtes-vous ? Qui est ce type ?

Elle avait une voix de gorge, assez basse, très chantante. On n'esquive pas une question posée avec tant de sensualité.

– Monsieur est tueur chez Samir Barazé. Il est venu ici dans le but de vous cuisiner, ce qui est un doux euphémisme dans la bouche d'un assassin. Quant à moi, je ne sais plus très bien qui je suis. Il y a une heure, j'étais Charlie Gun, je travaillais pour Barazé. Maintenant, disons que je suis Achille Foireux, fouineur, fouilleur, et fileur indépendant.

Elle eut un geste agacé.

– Pas tant de baratin, mon garçon. Qu'est-ce que vous faites chez moi ?

La dame avait de l'autorité. Elle était tout simplement en train de prendre la direction des opérations. Dans une minute, elle me prierait poliment de sortir. Il était temps d'inverser les rôles.

– Vous connaissez Nadim Tamazi ? dis-je.

– Comme tout le monde.

– Ne soyez pas ridicule, Mme Aboul. Je vous file depuis une semaine. Je voudrais savoir ce qu'il y a dans les enveloppes qu'il vous remet. Des billets de loterie ? Des timbres de collection ?

Ses sourcils s'arrondirent au-dessus des paupières fardées. Mes fines reparties ne semblaient pas la faire rire le moins du monde. Je changeai de ton.

– Vous le faites chanter ou vous lui procurez des armes ? Répondez.

– Vous êtes loin de la vérité, mon garçon. Très loin, même.

– Je vous écoute.

Elle croisa les jambes et se laissa aller sur le dossier du canapé, un sourire vague sur les lèvres. Elle prenait son temps, comme si nous étions en train de prendre un thé. Il y avait chez cette femme un je ne sais quoi d'indestructible. Elle aurait pu être sans peine l'héroïne d'un roman d'Antonio Valguez.

– Auparavant, puis-je me repoudrer, M. Foireux ? minauda-t-elle.

La question me prit de court. Se repoudrer, grands dieux ! C'était grotesque, incongru, surréaliste. Je m'entendis répondre un « Je vous en prie » des plus courtois. On ne se refait pas. J'ai toujours été faible avec les dames.

Je la regardai fouiller son sac, sortir une petite boîte rouge, la dévisser posément. Ses gestes étaient paisibles, déliés. Il fallait un courage inouï ou une sacrée dose d'inconscience pour se pomponner dans un moment pareil.

Au moment où elle me jeta la poudre au visage, je venais juste de comprendre qu'elle avait une idée derrière la tête. Trop tard, comme d'hab.

La seconde suivante, quelque chose de très dur percuta ma tempe à toute volée et je fis un grand bond dans le néant.

9

J'avais le crâne qui vibrait comme si quelqu'un était en train de le percer avec une chignole électrique. Lentement, avec méthode, millimètre par millimètre.

J'ai ouvert la bouche pour hurler qu'on arrête, que je dirais tout, mais par pitié, qu'on arrête !

Ma langue a rencontré un chiffon. Puis j'ai senti que mon corps était dans une position bizarre, plutôt horizontale. À côté, il y avait une masse blanche. Un bidet, peut-être. Un gros bidet en faïence. Qu'est-ce que je faisais en compagnie d'un gros bidet en faïence, grands dieux ?

Puis tout m'est revenu. Le Danseur, Najwa, la boîte à poudre, ma tête qui explose. Un film lamentable, dans lequel j'avais une fois de plus joué le rôle du minable de service.

À présent, je n'étais plus qu'un paquet de linge sale dans une salle de bains. Poignets et chevilles reliés par une cordelette, un chiffon dans la bouche, couché sur un carrelage à la propreté douteuse. Et en compagnie du Danseur, également garrotté et bâillonné, qui gisait à deux mètres de moi dans la baignoire. Dans la catégorie roulés-dans-la-farine, nous formions une belle paire, tous les deux. Najwa était décidément une femme de poids.

Depuis combien de temps étions-nous là, dans cette bonbonnière de faïence blanche ? L'unique fenêtre de la pièce filtrait une lumière grisâtre.

Réverbère ? Petit matin ? Je n'avais plus aucun repère et dans la position où j'étais, ma montre ne me servait à rien. Je croisai les yeux du tueur, et j'y lus un certain fatalisme. Peut-être même de l'ironie. Être allongé dans une baignoire vide ne devait pas faire partie de ses habitudes. C'était plutôt le genre à y plonger la tête de ses victimes pour qu'elles se mettent à table.

J'essayai quelques mouvements de reptation, pour m'apercevoir que j'étais ficelé au bidet. Najwa Aboul avait été impitoyable. Nous étions condamnés à attendre son retour. Si elle revenait.

Qu'aurait fait Saint-Trub dans une situation semblable ? Probablement la liste des livres à lire dans les cinq prochaines années. Outre une grande culture littéraire, Michel Trub était d'un optimisme indécrottable.

Il y eut du bruit, dans la maison. Des pas furtifs, des grincements de porte. Ça dura un long moment. Le Danseur et moi échangeâmes des regards plus qu'inquiets. Puis quelqu'un prononça distinctement le mot « Charlie ». Plusieurs fois, sans que je puisse lui répondre autre chose que des mmmmmhh rageurs.

La porte de la salle de bains s'ouvrit enfin et la tête de Saïd apparut dans l'encadrement. J'allais de surprise en surprise, dans cette affaire. Qu'est-ce que Saïd le barman fichait chez Najwa Aboul ?

Quand il m'aperçut sur le carrelage, un large sourire fendit son visage. Un sourire qui s'éteignit aussi sec à la vue du Danseur. Il eut la bonne idée de me délier le premier.

– Laisse l'autre dans son bain. On fait bande à part, lui et moi.

– J'espère bien, dit Saïd. Koumir Moussah est un tueur de la pire espèce. Un malade. Je n'y toucherais pas, même avec des pincettes.

Samir Barazé avait raison. À Beyrouth, tout le monde se connaissait. Saïd se pencha sur la baignoire et ouvrit le robinet à fond. Les yeux du Danseur s'affolèrent un chouïa. Mais j'avais de vieux principes humanitaires et je refermai la vanne.

– Pas question, Saïd. Je suis sûr que monsieur pourra encore nous servir.

– Tu as tort, Charlie. Ce type-là est plus dangereux qu'une nichée de serpents à sonnettes. Avec le sang qu'il a sur les mains, un bon bain ne lui aurait pas fait de mal.

Saïd avait probablement raison. Mais buter quelqu'un de sang-froid, même avec de l'eau chaude, n'était pas le genre de la maison. Je vérifiai les liens du Danseur. Rien à craindre de ce côté-là, Najwa Aboul était une saucissonneuse de première. Le seul vrai risque, c'était que Barazé, retour d'Ankara, rapplique ici et le libère. Je ne me voyais pas trimballer le Danseur avec la moto de Saïd dans les rues de Beyrouth. Et puis le Mielleux devait avoir un tas de gorilles de remplacement. Un Koumir Moussah de plus ou de moins ne lui poserait probablement pas de problème. Je laissai donc le Danseur dans son sarcophage de faïence.

–*Ciao*, terreur, fis-je.

Du regard, Koumir me promit les plus atroces représailles qui soient, mais pour le moment, il était hors circuit.

– On s'arrache, Charlie ?

Saïd s'impatientait. Je lui pris affectueusement le bras.

– Comment m'as-tu retrouvé, Saïd ?

Le barman gloussa.

– C'est surtout ma moto que je suis venu récupérer, Charlie. Ce matin, un ami m'a téléphoné qu'il l'avait repérée devant le pavillon. Un engin pareil, ça ne passe pas inaperçu. Et puis, tant qu'à faire, j'ai fouillé la baraque en face. Ça sentait trop l'embrouille, cette moto abandonnée.

Bien raisonné. Du coup, je mis Saïd au courant d'une partie de mes petites affaires. Ça ne l'emballa pas beaucoup, d'ailleurs. Traficoter un peu les flingues, passe. Mais Barazé et ses tueurs, Tamazi et ses millions de dollars, c'était de la dynamite. Il me répéta sa phrase favorite, en hochant la tête :

– Des petits comme nous, ça ne se mêle pas des affaires des gros, Charlie.

– J'aime pas qu'on me double ni qu'on tue mes amis.

Je lui parlai de Zouad, que le Danseur avait sûrement descendu. C'est Saïd qui me proposa d'aller chez le journaliste. Avant de partir, je passai la maison de l'intendante au peigne fin. Les cartons ne contenaient rien de passionnant, comme je m'y attendais. Mais le tiroir du bureau de Najwa Aboul avait un double fond. La Dodue y gardait méticuleusement certains de ses relevés bancaires. Je fis main basse sur les plus récents, qui indiquaient des virements très importants. J'étais prêt à parier qu'ils coïncidaient avec le contenu des enveloppes de Nadim. Quoi qu'elle fasse de cet argent, trafic d'armes ou chantage, Najwa Aboul était en train de se constituer un véritable trésor de guerre.

Quand nous arrivâmes chez Zouad, il était tard dans l'après-midi. Une petite foule s'agitait devant l'immeuble où une ambulance était garée, le gyrophare en alerte. Il y avait aussi des flics. Ça sentait mauvais, très mauvais. Saïd nous laissa à quelques encablures, la moto et moi, et alla aux nouvelles. Pendant qu'il discutait avec un gros bonhomme, deux infirmiers jaillirent de la porte d'entrée, une civière au bout des poings. Pas besoin d'explication. Dessus, c'était Zouad, à l'évidence. Koumir Moussah ne l'avait pas raté.

Avec sa mort, c'était encore un peu de Saint-Trub qui s'en allait. J'aurais bien aimé le connaître davantage, cet homme. Et pas seulement pour son dossier sur Tamazi. Je l'avais tout de suite senti de ma famille. Un fouille-merde, avait dit Koumir. C'était exactement ça. Comme moi, Trub et Zouad faisaient partie de la catégorie des fouille-merde. Des allumeurs de pétards, des poseurs de questions embarrassantes, des forts en gueule. Et donc des gens à éliminer au plus vite.

L'ambulance démarra en couinant. Saïd souriait lorsqu'il s'approcha de moi.

– Ton ami va s'en tirer, Charlie. Il paraît que la balle a ricoché sur son crâne.

Première bonne nouvelle depuis des plombes. Zouad avait la tête dure. La boule qui m'obstruait la gorge depuis tout à l'heure s'évanouit. Peut-être la chance commençait-elle à tourner.

J'aurais bien voulu visiter incognito l'appartement de Zouad, mais les flics étaient toujours là. Et d'autres devaient ratisser la moquette, là-haut.

– Emmène-moi à l'hôtel, Saïd.

J'avais besoin de souffler un peu. De faire le point. De lire la fin du bouquin d'Antonio Valguez, à la rigueur. C'est ce que faisait Saint-Trub lorsqu'il voulait décompresser un peu. Il s'enfermait chez lui et lisait des poèmes de Baudelaire à son chat.

Saïd me déposa discrètement à une centaine de mètres de l'hôtel. Inutile d'alerter le quarteron de gorilles qui pullulaient dans le coin. Je me faufilai par l'entrée de service, les fesses serrées, la main près de mon colt Cobra. Diable, j'étais de retour dans le Q. G. de Tamazi, Barazé & Cie. J'étais censé avoir abandonné l'enquête, mais qui sait si tous ces gangsters n'avaient pas eu vent de mes derniers exploits ?

– Monsieur Gun ?

Je faillis braquer mon flingue à la volée. Fausse alerte. Derrière le comptoir, la standardiste blonde agitait dans ma direction un gros paquet brun.

– Pour vous. C'est arrivé ce matin par la poste.

La poste ? Quelqu'un m'écrivait à moi ? Ici ? Aujourd'hui ? Je pris l'objet avec un rien de stupeur. C'était lourd. Sur le verso, on avait écrit *Charlie Gun, Hôtel Alexandre, chambre 139*. Rien au recto. L'expéditeur avait choisi la discrétion.

L'ascenseur m'emporta lentement vers mon treizième étage. Je commençai à décacheter l'enveloppe brune. La première chose que je découvris, ce fut une carte épinglée sur une photo. Griffonnés à la hâte, ces quelques mots : *Tant pis pour les conséquences. De toute façon, ils m'auront un jour ou l'autre. Je vous envoie le dossier Tamazi. Faites-en bon usage*. C'était signé Zouad Minar.

J'eus soudain une boule dans la gorge. Le journaliste s'était jeté à l'eau. Plus fort que la mort. Plus fort que la balle de Koumir le Danseur.

Dessous, la photo était celle d'un visage que je reconnus pour l'avoir largement vu en feuilletant les archives du *Réveil de l'Orient*. Celui de Ragheb Tamazi, le père de Nadim.

C'était un portrait assez saisissant. Il montrait le nabab appuyé sur son bureau, les bras croisés, un sourire carnassier aux lèvres, l'œil fixé sur le photographe. La dédicace, manuscrite, n'était pas dénuée d'intérêt. Elle disait : *À ma Najwa adorée, avec tout mon amour.*

Boum. La famille Tamazi s'agrandissait d'un seul coup.

10

Je mis une bonne heure à éplucher ce que Zouad appelait le dossier Tamazi. Car en plus d'épingler la maîtresse de Ragheb Tamazi, l'opulente Najwa Aboul, le journaliste avait fait un boulot remarquable.

Interviews, photographies, comptes rendus d'enregistrements téléphoniques, photocopies d'archives, il y avait là assez de documents pour faire exploser le groupe Tamazi.

Zouad Minar résumait le tout dans un long article incendiaire, qui n'avait en effet aucune chance de passer un jour dans *Le Réveil d'Orient*. Un texte daté de quelques mois déjà, qu'il n'avait pas pu ou pas voulu faire paraître ailleurs. Attendait-il le bon moment ?

Noir sur blanc, Ragheb Tamazi y était décrit comme un trafiquant d'armes. Un des caïds du genre. Fournissant ses engins de mort à qui voulait, depuis plus de vingt ans. Armes de poing, fusil-mitrailleur, lance-roquettes, mais aussi canon de gros calibres, lance-missiles, chars d'assaut et j'en passe. De quoi alimenter tous les va-t-en-guerre du Proche-Orient et d'ailleurs. Un petit commerce parfaitement adapté à ce coin du monde sous tension permanente depuis plus de cinquante ans. Bien sûr, Ragheb avait privilégié le théâtre libanais. Une guerre civile est un marché en or massif.

Et puis, peu à peu, il avait diversifié ses activités, développant notamment celle des bâtiments et des travaux publics. Après avoir aidé à la destruction de Beyrouth, Ragheb Tamazi fournissait le béton pour réparer les dégâts. C'était d'une logique irréfutable. Dans cette ville dévastée aux milliers de buildings à reconstruire, c'était le jackpot assuré. Tamazi était vite devenu un entrepreneur qui comptait. Mais il n'avait jamais abandonné son juteux trafic, même si depuis quelques années la région s'était quelque peu calmée. Le terrorisme avait encore de beaux jours devant lui. Et la guerre n'était jamais loin.

À sa mort, c'est Samir Barazé, numéro deux du groupe, qui avait pris le relais. Mais ça, je le savais déjà. Ce qui m'amusa, c'est son surnom : « Expert-Comptable ». Avec des majuscules. Barazé ne m'avait pas tout à fait menti. Pour ma part, je préférais « le Mielleux », et de loin.

Sur Nadim, *l'héritier*, Zouad n'avait que des hypothèses. Rien ne prouvait qu'il était mêlé de près ou de loin au trafic. Avait-il été écarté des activités en raison de son jeune âge ? En quelque sorte préservé par son père ? se demandait Zouad.

Possible. Nadim n'avait apparemment pas le profil d'un trafiquant d'armes. Pour le moment. Mais dans le jeu, à présent, il y avait Najwa Aboul. Si Naïma Tamazi, la mère de Nadim, se contentait, elle, de parader dans les dîners officiels, Najwa, la maîtresse en titre de Ragheb Tamazi, était présente presque partout sur les photos, à côté de son amant. On voyait sa silhouette massive parmi les invités des cocktails, dans les rencontres discrètes du nabab avec ses acheteurs. La vraie Mme Tamazi, c'était elle, qui semblait avoir partagé les activités les plus secrètes du nabab. Au moins autant que Samir Barazé.

Dans son article, Zouad supposait qu'elle avait été mise à l'écart, puisqu'elle avait disparu de l'entourage de Nadim depuis la mort du père Tamazi. Samir Barazé voulait probablement régner sans partage sur le trafic d'armes. Et les rencontres de Najwa Aboul avec Nadim n'avaient rien de rassurant pour lui.

Avec son carnet d'adresses et la fortune de Nadim, l'intendante pouvait devenir une concurrente redoutable. Samir Barazé avait raison de se méfier d'elle. Les relevés bancaires trouvés dans son tiroir à double fond le prouvaient abondamment.

À moins qu'il ne s'agisse encore d'autre chose. Chantage, racket, détournement de fonds, blanchiment d'argent sale, tout était possible, dans ce panier de crabes.

Une seule certitude : dans cette affaire, les protagonistes trempaient dans des eaux troubles. Tueur, maître chanteur ou trafiquant d'armes, c'était le club des affreux. Personne à qui accorder un quelconque bon point. Je comprenais mieux pourquoi le Mielleux m'avait viré si vite, une fois Najwa Aboul identifiée. Je dansais sur un volcan en état de marche.

Pendant un long moment, le cerveau vide, je fixai mon lit où étaient éparpillés les photos et les feuillets dactylographiés. En me demandant quel intérêt j'avais à continuer l'enquête.

J'aurais pu m'arrêter là. Descendre dans le hall, prendre les cinq mille dollars qui devaient m'attendre dans mon casier, et me tirer. Que m'importaient tous ces nababs pleins aux as, ces tueurs glacés, ces salopards qui négociaient la mort ? Moi, je n'étais qu'un privé minable, un perdant-né. Et fier de l'être. Je n'avais rien à voir avec ces gens-là.

Peut-être Saint-Trub aurait-il envoyé tout ça au diable. Peut-être pas. Il me manquait. C'était lui qui prenait ce genre de décision, autrefois. Le plus souvent à l'aide d'une pièce de monnaie, pile ou face.

L'image de Zouad emmené dans le brancard emporta la mise. Les Tamazi, Barazé & Cie l'avaient fait abattre, j'abattrai l'empire Tamazi. Présomptueux, mais romantique. Je lui devais bien ça, à Zouad.

Je rassemblai lentement le dossier et l'enveloppai hermétiquement dans plusieurs sacs plastiques, en y joignant les photocopies de l'agenda de Najwa Aboul. Dans les heures prochaines, ça ferait le bonheur des flics. Je collai l'ensemble dans la chasse d'eau des toilettes. Un vieux truc que m'avait appris Saint-Trub.

Ma montre disait vingt heures. D'après l'agenda de Najwa, le rendez-vous avec Nadim Tamazi à la chapelle d'Ouznaai était deux heures plus tard. J'étais sûr qu'elle y serait. Elle n'avait sûrement pas pris le risque de téléphoner à Nadim pour le décommander. Personne n'était censé être au courant. D'ailleurs, j'étais en principe ligoté dans sa salle de bains avec Koumir le Danseur. Que risquait-elle ?

Je m'allongeai sur le lit et ouvris *Les Serres du rapace*. Si ma mémoire était bonne, j'en étais au moment où la naine Mathilda découvre que son amant Pedro le jardinier vient d'assassiner toutes ses plantes vertes dans une crise de démence. Une histoire terrifiante.

11

Vers vingt et une heures trente, je sautai dans un *service* qui bivouaquait devant l'hôtel. Je n'avais pas vu le moindre bout du Mielleux dans les parages. Bon ou mauvais signe, mystère et boule de gomme.

Quelques minutes plus tard, on roulait sur la corniche, au nord de la ville. Le chauffeur connaissait parfaitement le jardin de la chapelle d'Ouznaai. Il servait de lieu de rendez-vous discret à des tas de gens, à cause d'une végétation luxuriante. En conduisant, il disserta sur les diverses essences d'arbres du pays.

C'était un type délicieux, qui parlait français sans le moindre accent, et qui voulait à tout prix me faire visiter les environs, quand j'aurais un moment, disait-il. Ça n'était pas une mauvaise idée. Un peu prématurée, peut-être. Pour l'instant, je tentais de boucler une enquête.

Je lui demandai de se garer à proximité de la chapelle, et de laisser tourner le compteur.

– Quel compteur ? Ce soir, j'ai tout mon temps, mon vieux.

Il voulut savoir où j'habitais, à Paris. Il adorait la France, où il venait chaque année, et en parlait passionnément. Nous bavardâmes comme de vieilles connaissances.

Jusqu'au moment où un taxi se rangea devant la chapelle. J'avais vu juste. Nadim Tamazi en descendit. Cette fois, il tenait une grosse mallette noire.

Si elle remplaçait les enveloppes, le contenu devait avoir changé de calibre. Najwa Aboul allait toucher le gros lot. D'un pas rapide, sans se retourner, le jeune homme franchit le portail du jardin.

– Attendez-moi, ça ne sera pas long, dis-je.

Je voulais me ménager une porte de sortie, en cas de grabuge. Une bagnole dans les parages, ça pouvait me servir. Le chauffeur cligna de l'œil, ravi.

– Formidable ! On se croirait dans un vieux film policier français !

Une veine. J'aurais eu l'air de quoi s'il avait préféré les comédies musicales américaines ?

Nadim s'était posé sur un banc, la mallette serrée sous son bras. Immobile comme une statue, avec cependant quelque chose de désabusé dans l'attitude. Les épaules voûtées, peut-être. Dans la pauvre lumière du soir, au milieu de ce jardin désert, il paraissait l'homme le plus seul du monde.

Il se passa quelques minutes avant que je n'entende un moteur s'emballer au loin puis s'éteindre. Une ombre s'engagea dans l'allée, droit vers le banc de Tamazi, qui se leva lentement. Najwa Aboul était à l'heure. Quelques brèves phrases en arabe, et la femme s'empara de la mallette. Elle tournait déjà les talons.

– Mains en l'air, tout le monde.

C'était tout ce que j'avais trouvé comme coup de théâtre.

Je réussis à peine mon petit effet. Tamazi devait être blindé. Quant à Najwa Aboul, elle ne broncha pas non plus, juste un battement des cils, peut-être. Ils regardaient tous les deux mon colt Cobra comme si je les braquais avec un sachet de loukoums.

– On se retrouve plus tôt que prévu, non ?

La Dodue soupira bruyamment et se tourna vers Nadim.

– M. Foireux travaille pour Samir Barazé.

–*Travaillait.* Maintenant, je bosse pour Zouad Minar, journaliste au *Réveil de l'Orient.* J'aimerais publier un article sur les activités des Tamazi père & fils. Il y a encore deux ou trois points à éclaircir.

– Vous voulez de l'argent ? grinça l'intendante.

– Je veux la vérité, Mme Aboul.

Comme aurait dit Saint-Trub. Puis il aurait armé son Magnum Python d'un geste sec, pour inciter au bavardage. Ce que je fis avec mon colt Cobra, sans plus impressionner les deux zèbres, qui restèrent de marbre.

– J'attends, insistai-je.

– Vous devriez laissez tomber, monsieur.

La voix de Nadim était d'un calme étonnant. Il fit un pas vers moi. Croyait-il m'impressionner avec ses allures de jeune homme triste ? Ou allait-il me proposer à son tour une grosse liasse de dollars ?

Un buisson craqua derrière moi et quelqu'un dit :

– Lâche ton feu, Achille.

C'était agaçant. Dans cette histoire, tout le monde s'ingéniait à me mettre des bâtons dans les roues.

Le Mielleux était donc revenu d'Ankara. Présentement, il me braquait même un pétard entre les omoplates. Qui pouvait bien l'avoir renseigné sur l'heure et le lieu du rendez-vous ? Je balançai mon colt sur les graviers et me retournai doucement. Samir Barazé n'était pas seul. Outre un gros bibendum moustachu armé d'un fusil-mitrailleur, il y avait mon ami Koumir, le saucissonné de la salle de bains. Son patron l'avait probablement récupéré chez l'intendante.

– J'aurais dû ouvrir le robinet de la baignoire, dis-je. Mon bon coeur me perdra.

Le Danseur sortit un long poignard à la lame effilée et me sourit, d'un sourire épouvantable.

– Je le tue tout de suite, boss ?

– Plus tard, Koumir, on s'occupera de lui plus tard, ricana Barazé.

Le Mielleux s'avança vers Tamazi, qui n'avait pas ouvert la bouche. Ils se regardèrent quelques secondes en silence. Dans le regard du jeune homme, il y avait une tonne de mépris.

– Tu me déçois, Nadim. Je te croyais honnête. Con et honnête. Tu veux ta part du gâteau ? Soit. Mais si tu voulais traficoter comme ton père, il fallait m'en parler. Pourquoi vouloir me doubler avec celle-là ?

Il montrait Najwa d'un mouvement de tête. Najwa, muette, d'une étonnante pâleur, qui étreignait toujours la mallette.

– Elle n'a jamais été de la tribu, tu le sais bien. Du temps de ton père, on la tolérait, c'est tout. Vingt fois je lui ai dit de s'en méfier, de l'éloigner des affaires. C'est une grosse sangsue.

– Et les sangsues, on les écrase, gloussa le Danseur.

– Plus tard, Koumir. Nadim, tu ne dis rien ?

– Tu ne comprendrais pas, Samir.

L'autre éclata de rire.

– Je comprends tout, mon garçon. L'appât du gain, c'est un motif noble, très noble, même. Tu as juste eu tort de te tromper de partenaire, c'est tout.

Le Mielleux fixa encore pendant un moment le jeune homme, puis, devant son mutisme, haussa les épaules avec agacement.

– On va changer d'air. Vous serez plus bavards chez moi.

– M. Barazé a une baignoire, lui aussi, murmura rêveusement Koumir à mon intention.

Il aurait fallu que je fasse quelque chose, à cet instant-là. Les suivre, c'était signer des deux mains notre arrêt de mort. Mais quoi ? Me jeter sur le fusil-mitrailleur, le flingue et le poignard d'un seul bond ? Hurler qu'on aille chercher les poulets toute affaire cessante ? Difficile. J'optai pour un brin de conversation.

– Il vaudrait mieux me relâcher, M. Barazé.

Rester poli, aussi. Très important, la politesse, dans ces cas-là.

– Avant de venir, j'ai pris mes précautions. Il y a quelque part un gros dossier très compromettant sur le groupe Tamazi. Et sur vous par la même occasion. Si jamais...

– Tu veux parler de ce sac en plastique que j'ai trouvé dans la chasse d'eau de tes W. C., Achille ?

Merde. Le vieux truc de Saint-Trub était connu au Proche-Orient. Je venais de faire un flop mémorable. Après avoir libéré Koumir, Barazé s'était précipité dans ma chambre d'hôtel, évidemment. On aurait pu s'y croiser, à quelques minutes près, et j'aurais terminé plus tôt ma carrière.

Du coup, je comprenais comment le Mielleux nous avait retrouvés ici. Le rendez-vous était inscrit en toutes lettres sur les photocopies de l'agenda de Najwa.

Qu'importe. J'attaquai aussitôt sur autre chose. Gagner du temps, c'était tout ce que je voulais.

– Y a un truc qui me turlupine, M. Barazé. Pourquoi m'avoir choisi, moi ?

Le Mielleux soupira. Pas dupe. Mais comme tous les fiers-à-bras, il aimait se raconter.

– Parce que tu es exactement le genre de type dont on peut se débarrasser sans provoquer de vagues, une fois l'enquête terminée. Personne ne s'intéressera au cadavre d'un Achille Foireux trouvé sur un terrain vague.

Il avait raison. Je n'avais pas de famille, pas d'amis. J'étais le dernier des Mohicans.

– Qui vous a parlé de moi, en France ?

– Ceux qui ont eu ton ancien associé. Lui aussi il voulait comprendre. Avant de plonger sa tête dans un seau d'eau, mes amis français lui ont expliqué ce qu'il désirait savoir. Il est mort en parfaite connaissance de cause. Mais ça ne lui a servi à rien, tu vois. Alors arrête de poser des questions.

Le monde était petit, tout petit. Trafic de drogue ou d'armes, le club des salauds fonctionnait à plein temps des deux côtés de la Méditerranée.

– On y va, boss ? pleurnicha Koumir, qui devait trouver le temps long.

Sur un geste de Barazé, le bibendum moustachu me serra de près avec le canon de son fusil-mitrailleur et je rejoignis Nadim et l'intendante qui, curieusement, tenait toujours la mallette. Puis, trio pathétique, nous avançâmes à pas lents vers le portail. On allait vers une conclusion inévitable. Pour moi, un petit tour en bagnole et une balle dans la tête.

Pour les autres, une baignoire remplie d'eau, probablement. Koumir le Danseur devait en saliver d'avance. Ils finiraient par parler. Et moi, je ne saurais jamais le fin mot de l'histoire.

12

Nous marchions comme des fantômes sur l'avenue vide. J'entendais les pas des trois hommes derrière nous, implacables. Des pas d'assassins.

Puis il y eut un rugissement furieux, énorme, comme un essaim d'hélicoptères, et deux phares nous foncèrent dessus. La seconde suivante, après un tête-à-queue qui fit couiner effroyablement les pneus, le *service* se matérialisa à quelques centimètres de moi. Porte avant grande ouverte.

– Grimpez ! hurla le chauffeur.

Sans réfléchir, j'attrapai Najwa par le bras et je la poussai à l'intérieur de la voiture. Tamazi suivit et le *service* bondit en avant. Il y eut bien une rafale tardive de fusil-mitrailleur, mais en pure perte. Par la lunette arrière, je vis le Mielleux et ses deux sbires courir vers une grosse Cadillac garée sous un arbre. Le vieux film policier français allait tourner à l'américaine, avec une poursuite infernale dans les rues de Beyrouth. Je n'étais pas sûr que le *service* puisse rivaliser avec la voiture de Barazé.

– Ils vont nous coller au train ! dis-je.

– Aucun danger ! ricana le chauffeur. Avec Roland Hayek au volant, vous êtes tranquilles !

Arc-bouté sur son volant, la figure hilare, il semblait s'amuser comme un fou. Mais la plaisanterie risquait de tourner court. Les phares du Mielleux se rapprochaient à toute allure.

– Accrochez-vous, m'sieurs-dames !

Le *service* freina sauvagement et tourna dans une rue étroite, percutant au passage un stock de poubelles. Nous roulâmes encore quelques dizaines de mètres, puis la bagnole ralentit. Pendant un court moment, je crus que Roland Hayek allait nous faire le coup de la panne d'essence.

– Ils suivent, derrière ?

Évidemment, ils suivaient. La Cadillac venait de disperser les poubelles à coups de pare-chocs et fondait sur nous.

– Admirez le travail ! glapit le chauffeur en enfonçant la pédale d'accélérateur d'un pied rageur.

Le *service* s'arracha dans un crissement suraigu et les murs se mirent à défiler à une vitesse effarante. Avec en point de mire un porche dont l'entrée se découpait nettement au fond de la rue. Comme une cible. Roland Hayek ne souriait plus. Il visait. À l'arrière, les phares de la Cadillac étaient sur le point de nous avaler.

Quand nous passâmes sous le porche, ce fut dans une gerbe d'étincelles, tôle contre pierre. Quelques centimètres de moins en largeur et le voyage s'arrêtait là.

– Gagné ! rugit Roland.

Derrière nous, il y eut un formidable fracas métallique, net comme un coup de canon. Barazé et ses tueurs venaient de comprendre qu'une grosse bagnole n'est pas forcément un avantage. Elle avait été stoppée net par les piliers du porche. Barazé & Cie auraient du mal à s'en remettre. Et à l'allure à laquelle la Cadillac avait percuté le porche, ça ne devait pas être joli, à l'intérieur.

Roland poursuivit sa route quelques minutes, au ralenti, avant de s'arrêter au milieu d'une petite place déserte.

Le silence qui s'était installé dans la bagnole était de ceux qui suivent tous les grands séismes. J'avais le cœur qui cognait dur et les jambes en mayonnaise. Sur la banquette arrière, Nadim et l'intendante, l'œil hagard, semblaient pétrifiés. Le film avait largement tenu ses promesses. Chapeau, l'artiste.

– V-vous avez une grande expérience des poursuites, on dirait, balbutiai-je.

Roland Hayek émit un petit gloussement de satisfaction.

– J'avais envie de me dérouiller les jambes. Le coup du porche, j'en rêvais depuis longtemps.

Je posai une main tremblotante sur son bras.

– Merci pour le coup de main, Roland.

– Vous remercierez Saïd, mon vieux. C'est lui qui m'a appelé pour que je vous prenne en charge, à l'hôtel. T'accompagnes M. Gun, il m'a dit, et tu le lâches pas d'un pouce. Il sait que j'aime ça, les westerns.

Sacré Saïd. C'était la seconde fois qu'il me sauvait la mise. Pour un petit qui ne voulait pas se mêler des affaires des gros, il faisait très fort.

– On va où, maintenant, m'sieurs-dames ? ricana le chauffeur. Beyrouth *by night,* ça vous tente ?

– Une autre fois, dis-je. Maintenant, on va s'expliquer une bonne fois pour toutes.

Je me tournai vers Tamazi. Il était un peu pâle, peut-être, mais il paraissait avoir une étonnante maîtrise de lui. Il ouvrit la portière et grogna, à l'adresse de l'intendante qui serrait toujours la mallette entre ses bras :

– On s'en va, Najwa.

Roland Hayek plongea la main sous son siège et un quart de seconde plus tard, il flanquait un pétard sous le nez du nabab.

– M. Gun te demande gentiment de déballer ton sac. Moi aussi, j'insiste.

Roland était décidément un allié très précieux. J'aurais été bien incapable d'empêcher qui que ce soit de me fausser compagnie. Je montrai à Nadim ma carte de privé, histoire de lui prouver que je n'étais ni flic, ni tueur, ni marchand de béton, puis enchaînai :

– J'aimerais bien comprendre à quoi vous jouez depuis le début, Mme Aboul et vous. Le trafic d'armes, je n'y crois pas trop.

Tamazi eut un sourire presque imperceptible. Il me regardait bien en face pour la première fois et après un long silence, lâcha :

– Je rembourse une sale dette, c'est tout.

Il ferma les yeux. Peut-être croyait-il que ces quelques mots me suffisaient. Puis il continua. Sa voix était neutre, monocorde. J'eus la curieuse impression qu'il se parlait à lui-même

– Depuis mon enfance, je suis programmé pour gagner de l'argent, monsieur. Beaucoup, beaucoup d'argent... Vous avez vu Beyrouth ? Après la fin de la guerre, les chantiers ont pullulé et ça continue. Un fromage gigantesque, des millions de dollars à ramasser. Au Liban, le groupe Tamazi est numéro un dans le bâtiment. Une chance aujourd'hui, n'est-ce pas ?

Il ne m'apprenait évidemment rien. Mais sans doute avait-il besoin de ce petit prologue pour se mettre en jambe.

– J'étais l'héritier. Devenir l'un des hommes les plus fortunés du pays ne m'a posé aucun problème. On m'a élevé dans la religion du profit. D'ailleurs, je n'ai jamais eu d'autre choix, c'était dans l'ordre des choses. J'étais un businessman ordinaire, un petit peu plus riche et puissant que les autres. Je m'étais vite habitué.

Il s'arrêta, comme s'il avait peur des mots qui allaient suivre.

– Et puis, il y a quelques semaines, Najwa m'a appris que mon père avait bâti sa fortune sur un commerce d'un genre un peu particulier. Pendant la guerre, il a fourni des armes à tout le monde. Sans distinction. Chrétiens, Druzes, chiites, sunnites, Palestiniens, il a armé tous les camps.

– Bel exemple d'œcuménisme, commentai-je.

Nadim ne releva pas. Sa voix se mit à trembler légèrement.

– J'aimais beaucoup mon père. Il m'a fallu des semaines pour accepter la vérité. Najwa m'a aidé à comprendre. À admettre l'inadmissible.

Nadim ouvrit les yeux. Son regard était dur, vide. Il posa machinalement sa main sur celle de l'intendante. Puis, lentement, en détachant chaque mot, il murmura :

– Mon fric est plein de sang, monsieur. Le sang du Liban.

La phrase était pompeuse, mais terrible. Il se tut quelques secondes, le visage de plus en plus pâle. Je commençais à piger toute l'histoire.

– J'ai pensé que ma fortune pouvait servir à autre chose qu'à faire pousser des tours ou à ferrailler le béton. L'hôpital de Najwa a de gros besoins.

– Nadim a toujours été généreux, commença l'intendante. Lorsqu'il était môme...

Je l'interrompis d'un geste agacé. Les souvenirs d'enfance n'étaient pas de mise. Surtout venant d'elle.

– Vous voulez racheter le comportement de votre père, Tamazi ? Joli geste, bravo. Quand les nababs veulent faire dans l'humanitaire, ils n'y vont pas par quatre chemins. Alors vous distribuez des dollars à la pelle. Samir Barazé appelait ça « dilapider l'héritage ».

– Il n'y a pas de loi contre ça.

– Non. Mais vous avez mal choisi votre associée.

Les yeux du jeune homme s'arrondirent. Je sortis de ma poche une liasse de papiers bleus. Najwa Aboul eut un mouvement de recul. Jusque-là, elle s'en tirait avec les honneurs. Mais elle venait de reconnaître ses relevés bancaires. Elle me fixa d'un regard haineux. Sa bouche couleur pourpre se tordait vilainement.

– Vos versements ne sont pas allés sur le compte de l'hôpital, Nadim. Simplement sur celui de madame.

Silence. La surprise blanchissait plus encore le visage de Tamazi. L'un après l'autre, je lus les chiffres correspondants à de gros virements en liquide. Presque toujours les mêmes. À chaque fois, ça tournait autour de cinquante mille dollars. Le montant des grandes enveloppes grises.

Nadim regardait Najwa Aboul avec des yeux quelque peu hallucinés. Incrédules, peut-être.

– Dis quelque chose, Najwa, murmura-t-il d'une voix blanche.

L'intendante baissait la tête, les bras toujours serrés autour de la mallette.

– Elle pourrait vous dire qu'elle s'apprête à quitter la ville. Le Liban, peut-être. Son déménagement est fin prêt. Une fois le dernier versement récupéré, *bye bye* Beyrouth.

Najwa restait muette. Ses doigts blanchissaient sur la poignée de la mallette.

– Difficile de changer de train de vie, hein, Mme Aboul ? grinçai-je. Car Ragheb Tamazi ne vous avait pas couchée sur son testament, j'imagine. Ou si peu. Sa veuve n'aurait pas apprécié... Alors vous avez pensé au petit Nadim. Vous lui révélez l'origine de la fortune familiale, en vous donnant le beau rôle, j'imagine : celui du témoin impuissant. Nadim, c'était le pigeon idéal. Avec lui, vous jouiez sur du velours. Ce garçon a le cœur trop grand pour lui. Rembourser le lourd passé de son père, voilà qui vous promettait un avenir radieux. D'abord, des versements de cinquante mille dollars, pour ne pas trop attirer l'attention, et puis ce soir...

J'agrippai la poignée de la mallette et la posai à côté du jeune homme, sans que la grosse femme n'ait opposé la moindre résistance. Elle paraissait totalement abattue.

– Dites-moi, Tamazi, vous trimballez combien, là-dedans ?

– Un million de dollars. Ça devait payer un nouveau bloc opératoire.

Roland Hayek siffla, estomaqué. De saisissement, il en baissa son flingue. Erreur de jeunesse. Najwa Aboul ouvrit brusquement la porte et s'élança au dehors. Clic-clac-clic-clac. Mais cette fois ses talons claquaient sur le bitume comme des castagnettes folles. J'esquissai un geste pour la suivre, mais Nadim m'agrippa le bras.

– Laissez, monsieur. Cette femme a beaucoup compté pour mon père.

C'était son choix. Il n'y avait rien à ajouter. Nadim Tamazi n'était ni revanchard, ni justicier. Juste d'une tristesse éperdue.

– Conduisez-moi devant la mer, monsieur Hayek, dit-il d'une voix douce.

Le chauffeur me regarda d'un œil interrogatif.

– Allons-y, Roland.

Nous roulâmes silencieusement quelques minutes. Je regardai le visage blême, terriblement absent de Tamazi dans le rétroviseur. Il avait posé la mallette sur ses genoux.

La voiture s'arrêta. Sans un mot, Nadim ouvrit la portière et se dirigea vers le muret qui bordait la route. Il coucha la mallette à plat sur les pierres, l'ouvrit d'un geste brusque.

– Dilapider l'héritage, avez-vous dit ? Exact. Je dilapide, monsieur Foireux ! Je dilapide l'argent de mon père !

Il avait hurlé la dernière phrase et à la même seconde, il commença à lancer des liasses de billets dans l'eau.

– Hé ! Vous êtes fou !

Roland Hayek roulait des yeux exorbités. Il se tourna vers moi, haletant, l'air totalement ahuri.

– Faut l'empêcher de faire ça, monsieur Gun. C'est interdit par la loi.

J'eus un geste vague. Je regardais Nadim Tamazi balancer ses poignées de dollars en me disant qu'il avait ses raisons. De sacrées bonnes raisons.

– Bon sang ! On pourrait nourrir tout Beyrouth pendant six mois, avec ça ! rugit Roland.

Il n'avait pas tort. Mais à cet instant, Nadim Tamazi était seul face à lui-même. Il réglait un compte.

– Je m'en vais ! dit Roland. Je ne veux pas voir ça.

C'était plus sage. Pourtant, je descendis, moi aussi, et rejoignis Nadim, pendant que le *service* disparaissait dans un rugissement rageur. Il n'y avait plus la moindre liasse au fond de la mallette. Le jeune homme s'était calmé. Il paraissait soulagé. Je me penchai au-dessus de l'eau grise. Quelques dizaines de billets surnageaient encore, et faisaient une drôle d'écume sur les vagues.

– Ce fric est pourri. Pourri jusqu'à l'os, murmura Tamazi.

Il referma la mallette, la jeta dans la mer. Elle y fit un plouf dérisoire, flotta un instant, puis coula brusquement.

– Ça va vous prendre un certain temps pour liquider l'héritage, Nadim. Tâchez d'en faire un meilleur usage.

Il était déjà parti. Pendant une minute, je le regardai s'éloigner le long du muret de pierre, d'un pas lent et fatigué. Un pas de vieillard. Je ne l'enviais pas. Un type qui mélange le business et les états d'âme n'a aucun avenir. Au Liban comme ailleurs. Nadim Tamazi n'avait pas fini de payer sa sale dette. Et probablement au prix fort.

Zouad Minar avait sans doute quelque part un double de son dossier sur Ragheb Tamazi. J'irais m'en assurer dès demain matin à l'hôpital. Il y aurait bien au Liban un journal pour le publier, si on ne nous en empêchait pas. Saïd m'aiderait. Je n'étais plus tout à fait seul à Beyrouth.

Cette fichue histoire ne se terminait pas vraiment comme je l'aurais cru. Et même si j'en étais sorti sans trop de casse, j'avais l'impression qu'on m'avait mené en bateau d'un bout à l'autre. Comme si je n'avais jamais eu ma place dans cette affaire. Un privé de circonstance, un bouche-trou.

La seule chose que j'avais vraiment réussie, c'était terminer le bouquin d'Antonio Valguez. À la fin, Mathilda la naine abandonnait Pedro le jardinier à une meute de plantes carnivores et entrait au couvent.

Saint-Trub aurait apprécié. Il avait horreur des histoires qui finissent bien.

Un coup de klaxon me fit soudain sursauter, sur ma gauche.

– Vous avez oublié de me payer, monsieur Gun.

Roland Hayek me regardait d'un œil complice. Il me restait vingt dollars en poche. Je fourrai le billet sous l'essuie-glace.

– Vous voulez toujours me montrer les environs, Roland ?

Il se mit à rire.

– Pour ce prix-là, je vous fais visiter le Liban !

Comme privé, j'étais plutôt mal barré. Mais comme touriste, je tenais le bon bout.

Si ce livre t'a plu,
lis ces quelques pages
de François Joly

La Calanque des ermites

n°7 de la collection

Extrait

J'ai cru à un effet d'optique, un reflet sur une vieille tôle. J'ai plongé. Six, huit mètres en apnée ; même pour un garçon comme moi, treize ans, enfin, pas tout à fait, ce n'est pas terrible. Si ma mère le savait !

Il faut bien prendre sa respiration, coordonner son coup de reins et surtout s'enfoncer verticalement, d'une seule poussée, comme un canard plongeur. Après, pas d'efforts inutiles.

Au fond, au milieu des posidonies qui se déploient en des vagues de rubans noirs peu engageants, un objet en métal aux trois quarts enfoui dans un mélange de sable et de graviers. Sous ma main gantée, je sens le galbe d'une forme à peine altérée par la corrosion marine. Il me reste suffisamment de ressource pour frotter une partie de cette masse avec du sable. La couche de minuscules algues visqueuses et verdâtres laisse apparaître une surface d'un blanc mat et lisse.

Mon cœur s'accélère, à la fois sous le coup de l'émotion et de la pression.

Je remonte.

Je jaillis à la surface en cherchant l'air à pleins poumons. Qu'est-ce que j'ai découvert là ? Il faut que je me calme, que je me domine et reprenne des forces. Je sais qu'à cette profondeur j'ai besoin de tous mes moyens. Je vais m'installer sur le rocher où je me sèche d'habitude.

Le soleil est bas sur l'horizon ; malgré la chaleur de cette fin d'après-midi d'été, je grelotte. Je reviendrai demain. Pourvu que personne ne trouve ma découverte. Il aurait fallu la recouvrir d'algues avant de remonter. Il faudra que je sois ici, le matin, de bonne heure.

Je n'avais pas défait ma valise. Maman s'en chargerait. Après avoir sauté sur le vieux vélo qu'Antonio me prête chaque année, j'ai foncé revoir ma calanque. Je dis bien ma calanque car presque personne ne la connaît.

Ses gros rochers chaotiques, ses pointes acérées, ses trous d'eau noire inquiétants... Quelle chance ! Tout autour, des falaises de calcaire à pic empêchent l'accès à la mer et seul un raidillon connu de quelques pêcheurs à la canne permet de descendre.

C'est mon domaine depuis que je sais bien nager. Tout petit, je suis venu pêcher avec papa, les jours où les vagues sont fortes et couvrent d'écume les rochers. Mais, en été, les tempêtes sont rares, les poissons ont été décimés par les gros chalutiers qui tirent leurs filets trop près des côtes. Sans baigneurs et sans pêcheurs, ce coin perdu creusé dans le flanc ocre d'une falaise de la Méditerranée espagnole est devenu ma terre d'élection, mon refuge, le théâtre de tous mes rêves.

Le reste de l'année, en France, je pense à cette calanque. À chaque fête, à chaque anniversaire, mes copains, ma famille savent que ce qui me fait le plus plaisir, c'est un cadeau en rapport avec la plongée. Le masque et le tuba viennent de mes parents, la combinaison, de ma grand-mère Thérèse, et les palmes, de mon grand frère Claude.

Mon père est instituteur. Maman nous élève, nous sommes trois enfants et cela lui fait beaucoup de travail, d'autant que, comme elle dit, papa ne l'aide pas beaucoup.

Dès la fin de l'année scolaire, nous quittons le petit logement que nous avons au-dessus de l'école primaire, à Givors, une ville ouvrière au sud de Lyon, direction la Catalogne espagnole. Le vieux break Diesel BX est chargé comme les Peugeot des Marocains qui retournent au pays par Gibraltar. Papa dit que cela revient moins cher de vivre dans le petit village où nous allons, dans une maison vétuste qu'il loue et où nous passons tout l'été, que de rester chez nous.

C'est formidable car nous ne sommes pas riches et nous passons des vacances de milliardaires. C'est maman qui le dit. Papa, lui, sourit en secouant la tête mais, à l'air finaud qu'il prend, je sens bien qu'il est d'accord. Moi aussi, car si, l'hiver, nous faisons attention à nos dépenses – nous n'allons jamais au ski malgré les montagnes proches, ni au restaurant –, l'été, nous prenons tous les jours l'apéro, devant la mer, chez Antonio qui tient *Los Tamarindos*, et souvent nous mangeons des poissons qu'il fait griller sur des sarments de vigne.

C'est la deuxième année qu'il y a l'électricité. Avant, on s'éclairait au gaz et, dans les chambres, avec des bougies. Presque en l'an deux mille, cela peut paraître invraisemblable et, pourtant, je peux dire que toute ma famille regrette ce temps-là. Pour les gens du pays, c'est une autre affaire, la venue du courant a beaucoup amélioré leurs conditions de vie.

Pour l'eau, on en est toujours à l'ancien système, celui de la citerne remplie avec l'eau qui ruisselle du toit lors des fortes pluies hivernales. Il faut l'économiser, et j'ai découvert que beaucoup de villages autour de la Méditerranée subsistent encore grâce à ce procédé. Un copain du CES, Mouloud, m'a dit qu'au bled, chez ses grands-parents, en Algérie, c'est pareil.

Chaque fois que je retrouve ma calanque, j'ai une énorme angoisse au creux de moi. En France, cela me réveille la nuit. Je ne veux pas en avoir l'air, mais j'appréhende qu'elle ait changé, que quelqu'un ait acheté le terrain autour pour construire la maison de ses rêves. Cette année, j'ai eu encore plus peur car Antonio m'a dit :

– Fabien, tu vas trouver le paysage un peu changé.

– Que s'est-il passé ?

– Les tempêtes d'équinoxe ont été très violentes cette année. Nous avons reçu des tourmentes que, de mémoire d'anciens, on n'avait jamais connues. Des pans de falaises ont croulé dans la mer tant les tempêtes ont été fortes, et des rochers énormes ont été déplacés comme de simples galets.

– Tu crois qu'on ne peut plus descendre à la mer ?

– Tu penses bien que je suis allé voir si tu ne risquais rien. Le chemin des Ermites est intact.

Autrefois, des moines de Saint-François vivaient de leur agriculture dans un monastère perché sur la montagne ; une fois par semaine, ils venaient au bain par des sentiers cachés. Les gens du pays s'écartaient du lieu pour respecter leur règle d'isolement. Cette habitude ayant été prise depuis des temps immémoriaux, les gens finirent par délaisser cette calanque qui, en catalan, s'appelait « la cala dels Ermitans ». De nuit, elle avait souvent servi, il n'y a pas si longtemps, de lieu de débarquement pour la contrebande des cigarettes américaines parce qu'elle était isolée. Papa nous avait dit que si les gens du pays n'avaient pas eu la contrebande, à une époque, ils seraient morts de faim.

souris noire

Dans la même collection

1 **Pinguino**
Franck Pavloff

2 **Lambada pour l'enfer**
Hector Hugo

3 **Le squat résiste**
Franck Pavloff

4 **Ippon**
Jean-Hugues Oppel

5 **Cauchemar-rail**
Stéphanie Benson

6 **Mon frère est un drôle de type**
Olivier Mau

7 **La Calanque des ermites**
François Joly

8 **Un privé chez les nababs**
Gérard Moncomble

Achevé d'imprimer sur Cameron
par Bussière Camedan Imprimeries
à Saint-Amand-Montrond
Conception graphique couverture :
Didier Thimonier
Dessin de la Souris noire : Lewis Trondheim
Typo dessinée par Anne Ladevie
Dépôt légal : septembre 1997
ISBN : 2-84146-434-2
N° d'éditeur : 1495
N° d'impression : 1/2361

